低空经济　乘风而起

产业集群多维赋能区域发展新引擎

徐楠楠　渠　帅◎著

中国商业出版社

图书在版编目（CIP）数据

低空经济 乘风而起：产业集群多维赋能区域发展新引擎 / 徐楠楠，渠帅著 . -- 北京：中国商业出版社，2025.5. -- ISBN 978-7-5208-3436-0

Ⅰ . F562

中国国家版本馆 CIP 数据核字第 2025KY4682 号

责任编辑：滕 耘

中国商业出版社出版发行

（www.zgsycb.com　100053　北京广安门内报国寺 1 号）

总编室：010-63180647　编辑室：010-83118925

发行部：010-83120835/8286

新华书店经销

北京中献拓方科技发展有限公司印刷

*

710 毫米 ×1000 毫米　16 开　14.75 印张　210 千字

2025 年 5 月第 1 版　2025 年 5 月第 1 次印刷

定价：68.00 元

****

（如有印装质量问题可更换）

前 言
preface

在这个日新月异的时代，低空经济悄然崛起，并迅速成为我国经济高质量发展的新增长引擎。2023年12月，中央经济工作会议明确提出："要以科技创新推动产业创新，特别是以颠覆性技术和前沿技术催生新产业、新模式、新动能，发展新质生产力……要大力推进新型工业化，发展数字经济，加快推动人工智能发展。打造生物制造、商业航天、低空经济等若干战略性新兴产业……"2024年和2025年的《政府工作报告》也分别提出要"积极打造生物制造、商业航天、低空经济等新增长引擎""推动商业航天、低空经济、深海科技等新兴产业安全健康发展"。

低空经济是一种全新的生产力布局和对经济发展模式的探索，它的发展离不开政策的支持、技术的创新和市场的培育。政府需要制定科学合理的政策法规，为其发展提供有力的政策保障；企业和机构需要不断加大研发投入，推动技术创新和产业升级；市场也要不断完善，为其应用和发展提供更加广阔的空间与舞台。

我国政府高度重视低空经济的发展，出台了多项政策措施，致力于推动低空经济产业链的形成与完善。从国家层面的《通用航空装备创新应用实施方案（2024—2030年）》，到北京、上海、广东等近30个省（市、自治区）将发展低空经济写入政府工作报告或出台的相关政策，不仅明确了低空经济的发展目标和方向，还为其提供了资金、技术、基础设施建设等多方面的支持。2024年12月，国家发展和改革委员会的新部门低空经济发展司正式亮相，负责拟定并组织实施低空经济发展战略、中长期发展规划，提出有关政策建议，协调有关重大问题等。这不仅表明了国家对低空经济这一新型经济形态的高度重视，也是低空经济顺利发展的又一重要保障。

同时，随着低空经济产业的发展，与之相关的技术和市场也面临诸多新的挑战与问题。例如，低空经济的发展需要飞行器设计与制作、飞行控制系统、通信导航、探测感知、大数据与人工智能、能源动力、空中交通管理等多项技术的支持与保障，低空经济产业链条的完整性和各环节的协同发展也需要市场、资源和政策体系的有力支持与有机融合。低空经济会形成以低空飞行活动为核心的行业生态链和产业链，即会形成典型的低空产业集群。而这个产业集群的作用尚未完全发挥，技术创新和资源配置的协同效应也有待进一步增强。随着低空经济领域的多元化发展，法规体系、行业标准以及投融资环境等方面的问题仍然会制约着产业的健康成长。因此，必须深入研究低空经济的内在机制与发展路径，推动政策和产业体系的全面优化，进而实现低空经济的持续发展。

本书正是基于这一背景应运而生。随着低空经济的蓬勃发展，产业集群在其中的作用日益凸显。产业集群的集聚效应、协同创新以及资源整合能力，能有效推动低空经济在技术、市场、资源等多方面的快速发展。正是由于产业集群在低空经济中的重要性，本书聚焦于产业集群如何为低空经济提供多维度赋能，通过技术创新、市场拓展、资源优化等途径推动低空经济的创新与发展，以期为政策制定者、产业从业者以及学术研究者提供有价值的理论指导与实践参考，帮助其更好地理解低空经济的产业生态，优化资源配置、提升技术创新能力，实现产业链和供应链的高效协同，助力低空经济产业化进程的加速，推动低空经济成为区域经济发展的重要引擎。

本书由哈尔滨金融学院徐楠楠与渠帅合著。徐楠楠撰写第一章至第三章（9万余字），通过界定低空经济内涵与价值、解析其空间布局与产业链融合等发展路径、梳理政策法规等构建产业集群赋能区域发展的认知与制度框架，并负责统稿。渠帅撰写第四章至第六章（11万余字），阐释科技赋能和供应链协同中的集群机制及发展建议，为产业研究与实践提供参考。

本书系黑龙江省省属本科高校基本科研业务费项目《黑龙江省低空经济产业发展路径研究》（项目编号2024-KYYWF-018）和黑龙江省哲学社会科学研究规划项目《黑龙江省航空战略新兴产业集群化发展路径研究》（项目编号23JYC287）阶段性成果。

本书在写作过程中参考了大量的文献资料，在此向所有的作者和学者表示衷心的感谢！由于时间仓促，作者学术水平有限，书中难免存在错漏与不足，恳请广大读者批评指正。

目 录
contents

第一章　悄然崛起：低空经济蓄势待发

第一节　什么是低空经济……………………………………003

第二节　低空经济的发展现状………………………………013

第三节　发展低空经济的意义………………………………022

第二章　全面赋能：低空经济多维发展

第一节　低空经济的空间布局优化…………………………043

第二节　低空经济产业链的融合……………………………053

第三节　低空经济创新生态体系的构建……………………061

第四节　低空经济推动产业跨界融合………………………070

第三章 助力高飞：低空经济政策环境支撑

第一节 低空经济的政策体系……………………………………079

第二节 低空经济的法律法规与标准体系……………………091

第四章 腾飞之翼：低空经济科技赋能

第一节 低空经济的核心技术……………………………………107

第二节 低空经济的相关数字技术………………………………119

第三节 产业集群助力低空经济快速发展……………………142

第五章 合作共赢：低空经济供应链协同

第一节 低空经济的供应链管理…………………………………149

第二节 低空经济的物流网络优化………………………………157

第三节 低空经济供应链的安全与风险管理…………………169

第四节 产业集群助力低空经济供应链安全…………………175

第六章 展望未来：低空经济面临的挑战与发展建议

第一节 低空经济面临的挑战……………………………………181

第二节 低空经济的发展建议……………………………………196

参考文献……………………………………………………………226

第一章

悄然崛起：
低空经济蓄势待发

第一章
悄然崛起：低空经济蓄势待发

第一节　什么是低空经济

一、低空经济的含义

要了解什么是"低空经济"，首先来了解一下什么是"低空"。

低空通常是指距离地面垂直高度在1000米以内的空域，根据不同地区特性和实际需求可扩展至3000米以下。这一空域范围是低空经济发展的核心载体，主要服务于民用有人驾驶和无人驾驶航空器的低空飞行活动。

2010年，我国正式提出"低空经济"的概念，相关部委视各自管理职责构建从监管到产业的体系化政策，规范低空行业各项管理要求。在此，可以将低空经济总结为一般在垂直高度1000米以下（根据实际需要延伸不超过3000米的低空空域范围内），以民用有人驾驶和无人驾驶航空器为载体，以载人、载货及其他作业等多场景低空飞行活动为牵引，带动相关领域融合发展的综合性经济业态。

低空经济具有多领域、跨行业、全链条的特性，涉及民用、警用、军用等多个领域，横跨第一、第二和第三产业，涵盖上中下游整个发展链条，具有广泛的应用前景，发展空间也极为广阔。工业和信息化部赛迪研究院2024年4月发布的《中国低空经济发展研究报告（2024）》显示，2023年，我国低空经济规模达到5059.5亿元，到2030年有望达到2万亿元。

二、低空经济的特点

低空经济作为战略性新兴产业,涵盖了飞行器研发制造、低空基础设施的建设与运营、飞行服务保障等多个重要领域,对国民经济的推动作用十分显著。低空经济以其独特的发展特质在现代经济体系中崭露头角,主要呈现出空间立体性、区域依赖性、数字生态性、创新驱动性、产业融合性、辐射带动性六大特点,这些特点相互交织,共同推动低空经济的蓬勃发展。

(一)空间立体性:构建三维经济发展新维度

空间立体性是低空经济最具辨识度,也是最能彰显其颠覆潜力的核心特质之一。相较于工业革命以来"面向地表"展开的二维经济形态,低空经济让城市与乡村首次真正拥有了"向上延伸"的发展维度:在距离地面30~3000米的空域中,无人机、电动垂直起降飞行器(electric Vertical Take-Off and Landing,eVTOL)、系留飞艇、巡检机器人、氢动力固定翼等多形态飞行器共同编织出一张"看不见的空中道路网"。这条道路网以空中驿站、垂直起降场、屋顶机坪为节点,以数字孪生空域地图、5G-A(5G-Advanced)通感一体网络、北斗高精度定位为骨架,以云管平台的智慧算法为"大脑",从而使低空运输、空中作业、应急救援、空中景观等业务能够像互联网流量一样被高效、低摩擦地路由和调度。当前,在深圳前海与南山之间,无人机物流"空中走廊"平均每2分钟即有一架次起降,包裹耗时从地面配送的40分钟缩短至8分钟;在苏州吴中区,几十架农业无人机每天可完成4平方千米的植保喷洒,相当于200名人工同日作业的效率;浙江建德的低空旅游环线将千岛湖—新安江—梅城古镇三点连线,游客20分钟即

第一章
悄然崛起：低空经济蓄势待发

可从湖区直达古镇，比传统公路行程缩短75%。与此空中立体交通的推广也倒逼城市规划理念升级：写字楼顶层必须预留≥1吨承载力和20米直径的机坪；新建社区需在5千米半径内布局公共垂直起降站；城市大型活动需在筹办阶段同步提交"低空运行风险评估报告"，体现了"天空资源"已成为与土地、道路同等重要的生产要素。更深层的价值在于，空间立体性重塑了产业链协同方式——仓库可建在城市边缘高层，辅以楼顶自动分拣与空投；电网、油气管线的日常巡检由"地面人工＋直升机抽检"变为"无人机日巡+AI缺陷识别"；保险公司通过低空遥感高频获取洪灾、火灾实况，对农业和财产险进行小时级理赔；应急部门依托空中编队快速投送救援物资和通信基站，为突发灾害争取"黄金72小时"。当然，立体空间的高效利用也带来空域容量管理、噪声扰民、视觉隐私、航空废气排放等新挑战，需要通过实时流量预测、城市噪声红线、分级隐私屏蔽、绿色动力技术等多元手段加以约束与治理。随着固态电池、氢燃料电池与分布式电推进成熟，自动驾驶算法通过形式化验证，从城市到城际，再到区域级空中网络将逐步贯通。人类的出行、物流与信息流将在地表、空中、近空之间自由切换，"三维经济"将成为衡量城市竞争力与综合国力的新标尺，空间立体性所释放的巨大势能，也将为全球可持续发展提供前所未有的增长极。

（二）区域依赖性：因地制宜的特色化发展路径

低空经济的发展高度依赖区域的地理环境、空域资源、气候条件和经济发展水平。在农业发达的区域，如东北平原、长江中下游平原，无人机植保、农业测绘等应用广泛。无人机凭借其高效、精准的特点，能够快速完成大面积农田的农药喷洒和农作物的生长监测，提高农业生产效率和质量。在旅游资源丰富的地区，如云南丽江、海南三亚等地，低空旅游成为当地低空经济的重要发展方向。游客可以乘坐直升机在空中欣赏壮丽的自然风光和独特的人文景观，低空旅游项目不仅为游客带来了全新的体验，也为当地创造了可观的经济效益。

只有在产业集群效应明显的区域，低空经济才能形成完整的产业链，实现上下游企业的协同发展，从而推动整个行业的快速增长。不同地区政府在低空经济领域采取的政策导向、支持力度以及监管模式也会导致区域间低空经济发展的差异化。而这些政策的导向、支持力度和监管模式，又会使不同区域的基础设施建设形成差异，进而影响低空经济的发展。例如，通用机场数量多、空域开放程度高的地区，更有利于开展各类低空飞行活动，吸引相关企业和产业集聚。区域依赖性决定了低空经济的发展必须立足本地实际，发挥自身优势，走特色化发展道路。

（三）数字生态性：数据驱动的智慧经济形态

低空经济的数字生态性是其发展的核心驱动力之一，关键在于数字技术的应用和智能化发展。低空经济所依赖的飞行器（包括无人机和eVTOL）在飞行过程中通过各类传感器、通信设备等不断采集飞行数据、环境数据、任务数据等海量信息。这些数据通过5G网络、卫星通信等技术及时传输至地面控制中心或云端，供相关系统进行实时监控、数据处理、存储和分析。这些数字技术不仅为低空飞行器的安全、高效运营提供了坚实的技术支撑，也为低空经济的各环节智能化、精准化、效率化转型提供了可能。

低空经济的数字生态性可以从多个层面体现，飞行数据的采集与分析是低空经济数字化的基础。无人机配送企业通过对飞行路径、飞行速度、任务完成情况等飞行数据进行分析，能够优化配送路线、提高配送效率并减少能源消耗。配送无人机在进行快递配送时，可以根据飞行过程中的实时数据分析，动态调整飞行路径和速度，避免障碍物并寻找最快的配送方

第一章
悄然崛起：低空经济蓄势待发

式。空中交通管理系统（简称空管系统）利用这些数据来预测空域流量，合理规划飞行路线，保障飞行安全，这些操作的基础都是依赖数字技术，如大数据、云计算、人工智能等。

低空经济不仅是一个由低空飞行器制造、低空飞行运营及市场应用构成的产业链，更是一个开放式的数字生态系统。低空经济的数字生态体系要求产业链中的各方通过信息交流和数据共享建立协作机制。飞行器制造商、运营商、服务商以及监管部门需要通过数字技术构建一个信息共享的平台，实现数据、资源和技术的协同运作。低空飞行器的控制系统通过数据互联，实现了飞行器间的信息交流，不仅提升了飞行器的自主性，还能减少人为干预，降低操作风险。

数字化转型推动了低空经济从传统飞行器的简单运营向智能化、多维化方向发展。智能无人机能够通过高精度传感器自动识别飞行路径中的障碍物、气象变化等，实时调整飞行路径，进行避障操作，并且能够自动规划最优路径，完成配送任务。智能空管系统通过实时监控空域情况，自动调整空中飞行器的飞行高度和路线，以避免空中碰撞和飞行冲突。这种基于人工智能和机器学习技术的飞行控制系统，为低空经济的发展提供了高度的智能化保障。

数字生态性不仅涉及飞行器的智能化，还包括数据驱动的业务决策优化和服务创新。大数据分析为低空经济各环节的智能化提供了强大的支持。通过分析飞行数据、市场数据和用户反馈，低空经济的各个环节可以根据不同需求实时调整策略，提高整体效率。通过分析无人机配送数据，物流企业可以发现哪些路径更为高效，哪些区域物流需求更大，从而合理规划无人机配送的运力和路线。

数字生态性赋予了低空经济高效、智能、精准的特点，使其能够持续推动技术创新、市场扩展和产业融合。

（四）创新驱动性：技术与模式创新的前沿领域

低空经济的创新驱动性是其不断向前发展的关键动力。

在技术创新方面，低空经济涵盖了多个前沿领域的技术突破，如新材料、新能源、人工智能、通信导航等。这些技术的进步为低空经济的发展提供了有力支撑。碳纤维复合材料的应用使得飞行器更加轻量化和高强度，这不仅提高了飞行器的续航能力，也使得飞行器的结构更加稳定和安全。而锂电池技术的进步显著提升了无人机和eVTOL的续航能力，解决了飞行器续航问题的瓶颈，为低空经济的大规模应用奠定了基础。人工智能的应用是低空经济创新的重要推动力。随着人工智能技术的不断发展，飞行器的自主飞行能力逐渐提高。无人机能够通过内置的人工智能控制系统，实现自主飞行、避障、目标识别、路径规划等功能。这使得无人机在多种复杂任务中具备更高的作业效率和更低的风险。人工智能还能够使飞行器在完成任务过程中进行智能决策，如智能选择最优路径、调整飞行速度、优化载荷等，提高整体作业效率和精度。

在模式创新方面，低空经济催生了许多新型商业模式，推动了产业的多样化发展。共享无人机和空中出租车服务是低空经济新兴商业模式的重要代表。共享无人机平台的出现，允许个人或企业按需租赁无人机，满足不同场景的使用需求，如短途配送、农业监测等。这种按需租赁的方式为无人机的普及和应用创造了条件，使其不再仅限于大型企业或高端市场，而是进入了普通消费者的日常生活。空中出租车作为低空经济中的新型出行方式，改变了传统的城市交通模式，提供了更高效、快捷的出行选择。空中出租车能够缓解城市交通压力，尤其是在交通拥堵严重的城市，如北京、上海等地。空中出租车可以作为一个重要的出行方式，在城市上空开辟新的空中交通网络。这不仅提升了出行效率,也为低空经济的进一步发展提供了广阔的市场空间。

低空经济的创新驱动性使其始终保持着蓬勃的发展活力。通过技术和商业模式的不断创新,低空经济不断开辟新的市场空间和应用领域,推动经济结构的转型升级。创新驱动性为低空经济提供了持续发展的原动力,并引领着未来经济的新趋势。

(五)产业融合性:多产业协同发展的经济新形态

低空经济具有极强的产业融合性,能够与多个传统产业和新兴产业深度融合,形成新的经济增长点。这种产业融合性使得低空经济能够推动各行各业的转型升级,推动经济结构的多元化发展。

在与农业的融合中,无人机在农业中的应用如植保、农业监测等,有效提高了农业生产效率。无人机能够在短时间内对大面积农田进行农药喷洒、施肥等工作,极大地降低了人工成本,提高了作业精度,并且通过精准农业技术提高了农作物的产量和质量。

在物流行业中,低空经济推动了无人机物流配送的发展,尤其是在"最后一公里"配送问题上取得了突破。无人机能够快速、高效地完成偏远地区和城市中心的配送任务,降低了物流成本,提升了配送效率。通过无人机物流配送,传统的物流模式得到了彻底革新,尤其是在一些交通拥堵的城市,无人机配送能够避免道路上的交通堵塞,节省了大量的时间和人力资源。

低空经济还与旅游业、应急救援等行业深度融合,催生了新的经济增长点。在旅游业中,低空旅游成为一种新型的旅游方式,游客可以乘坐直升机或小型飞机,俯瞰自然风光和城市风貌,获得独特的体验。这种新兴业态不仅丰富了旅游产品供给,也为地方经济带来了可观的收益。而在应急救援领域,无人机可以迅速抵达灾区进行侦察、物资投送等工作,在灾后恢复中发挥了不可替代的作用。

低空经济与信息技术、新能源、高端装备制造等新兴产业的融合也非常紧密。例如,eVTOL的研发和制造涉及新能源电池、复合材料、智能控制等多个领域的技术创新,无人机的运行则依赖通信技术和导航技术的支持。

产业融合性使低空经济能够整合各方资源,促进产业链各环节的协同发展,推动低空经济的规模化、产业化发展,提升产业整体的竞争力。通过产业融合,低空经济不仅推动了传统行业的转型,也推动了新兴行业的快速发展。产业的深度融合促使低空经济形成了一个多元化、综合性的经济新形态,进一步推动了经济的高质量发展。

(六)辐射带动性:促进经济社会全面发展的重要力量

低空经济不仅具有广阔的产业前景,还拥有强大的辐射带动效应。这一效应体现在其对上下游产业的推动作用、对就业的促进以及对区域经济和社会发展所带来的全方位影响。低空经济的发展能够为传统产业注入新的活力,带动新兴产业的崛起,形成多产业的联动效应,最终推动经济社会的全面发展。

低空经济在产业链上游的辐射效应非常显著。飞行器制造业、零部件生产等相关产业随着低空经济的兴起迎来了巨大的发展机遇。飞行器制造业的发展促进了电机、电池、传感器等零部件行业的繁荣。无人机作为低空飞行器的代表,其核心部件包括电机、控制系统、传感器等精密部件,这些部件需求的不断增长,推动了相关零部件制造企业的技术升级和产能扩展。尤其是传感器和电池技术的不断进步,为飞行器的性能提升提供了坚实的基础,推动了整体产业链的升级。随着eVTOL的研发和生产,涉及

第一章
悄然崛起：低空经济蓄势待发

大量的高端装备制造企业，包括电动机、航空电子设备、先进材料等领域的技术公司。这些领域的创新不仅推动了低空经济本身的发展，还拉动了航空制造业的整体进步和技术发展。

在产业链中游，低空经济的辐射效应同样明显。随着低空飞行器的商业化应用，航空运营、空管服务、飞行安全保障等相关产业不断壮大。这些行业为各类人才提供了大量就业机会。飞行员、空管员、技术维护人员等职业需求日益增长，尤其是无人机飞行员和空管员。无人机的使用不仅需要飞行员，还需要技术人员来保证其在复杂环境中的高效运行，因此，技术维护和操作人员的需求也不断增加。这些岗位不仅提高了就业率，还推动了相关培训机构的兴起，进一步丰富了低空经济生态圈内的服务供应链。空中交通管理（Air Traffic Management，ATM）领域服务需求的增加，也推动了空中交通管理系统的智能化发展，催生了大量相关技术服务公司，为航空公司、无人机运营商以及相关政府机构提供了安全保障服务。

在产业链下游，低空经济对多个行业的辐射效应更为显著，尤其是在旅游、物流、农业等传统行业中。低空经济不仅催生了低空旅游这一新兴业态，还推动了旅游产品的多样化发展。游客可以通过无人机、直升机等空中交通工具，俯瞰城市或自然景观，获得与传统旅游截然不同的体验。这种新兴的旅游方式不仅吸引了更多游客，也为当地的酒店、餐饮、零售等配套服务行业带来了直接的经济效益。低空经济还促进了物流行业的转型升级，无人机配送成为解决"最后一公里"配送难题的关键手段。尤其是在城市密集区域，低空经济不仅带来了巨大的物流效率提升，节省了大量的时间和运输成本，也为快递和物流企业带来了更高效的运营模式，从而推动了上游供应链的优化和下游消费者需求的增长。

同样，低空经济极大地促进了农业领域的发展，尤其是在无人机植

低空经济 乘风而起
产业集群多维赋能区域发展新引擎

保和农业监测方面的应用。无人机可以在农田中高效、精准地进行农药喷洒、施肥等作业,能够帮助农业企业进行农田数据采集和环境监测,不仅极大地提高了农业生产效率,降低了劳动力成本,也为农民提供科学决策依据,从而促进了农业现代化的进程。随着低空经济的发展,相关的农业技术和设备供应商也受益,农业产业链上游的制造业、技术研发和销售环节都获得了巨大的市场空间。

低空经济对区域经济的辐射效应尤为显著,它不仅带动了各地产业的成长,还推动了区域之间的经济合作与交流。在许多地方,政府通过发展低空经济吸引国内外企业投资,促进了当地产业的升级和经济的转型,为地方政府提供了推动经济结构转型和产业升级的新动能。部分地方政府积极为低空经济提供政策支持、税收优惠等措施,吸引科技企业、无人机制造商和飞行服务商入驻,带动地方经济发展。与传统行业相比,低空经济具有更高的技术含量和更广泛的市场应用前景,因此能够吸引更多资本和技术流入,进一步促进区域经济的繁荣。

低空经济还能够推动区域之间的技术、人才、资金等要素流动,这对于提升整体区域经济的活力至关重要。低空经济作为一个高度集成的产业系统,涵盖了从技术研发、生产制造到市场应用的各个环节,涉及的行业众多。通过低空经济的辐射带动效应,技术创新和资源共享促进了区域之间的协作与互动。不同地区可以根据自身的资源禀赋和发展需求,通过合作共赢的方式,形成更加均衡、协调的发展模式。某些地区可以利用自身的航空资源优势发展低空旅游和无人机应用,而一些经济相对薄弱的地区则可以通过低空经济的发展,借助政策支持和外资引入,带动农业和物流等产业的转型发展。

第二节　低空经济的发展现状

近年来，我国低空经济发展态势迅猛，在政策扶持、基础设施建设、技术创新以及产业生态构建等诸多关键领域均取得了令人瞩目的进展，已然成为拉动经济增长、助力产业升级的重要驱动力。

一、政策体系逐步完善，发展战略高位推进

2021年，《国家综合立体交通网规划纲要》首次将"低空经济"这一概念纳入国家规划，这一举措具有里程碑意义，标志着低空经济正式上升为国家战略。随后，在2023年12月召开的中央经济工作会议上，低空经济被明确列入战略性新兴产业范畴。紧接着，2024年政府工作报告进一步强调，要积极打造低空经济等新增长引擎，党的二十届三中全会也针对低空经济的发展提出了明确要求。从国家层面来看，围绕基础设施建设、产业发展、行业管理等维度，一系列政策举措密集出台，为低空经济发展提供了强有力的支持。例如，在基础设施建设方面，出台专项政策鼓励各地加大通用机场、飞行服务站等建设力度；在产业发展上，对从事低空经济相关领域研发、生产的企业给予税收优惠、研发补贴等；在行业管理中，逐步完善低空飞行审批流程、安全监管制度等。

在地方层面，全国已有近30个省份将发展低空经济写入政府工作报告或出台相关政策。以深圳为例，当地迅速组建了低空经济发展工作领导小组，全面统筹低空经济发展相关事宜。同时，出台《低空经济产业创新实施方案》，从产业规划、技术创新、应用场景拓展等多方面进行详细布局。尤为值得一提的是，深圳同步启动低空领域立法工作，通过完善法律体系，为低空经济的健康、有序发展提供坚实的法治保障，实现了政策推动与法治护航的一体化运作。上海则充分发挥自身在科技研发方面的优势，大力拓展eVTOL研发领域，全力抢占低空经济发展高地。早在2022年9月，上海就发布了《上海打造未来产业创新高地发展壮大未来产业集群行动方案》，明确提出到2030年打造未来空间产业集群的宏伟目标。此外，不少地方政府还设立了专门的产业基金，如成都设立的低空经济产业基金规模达数十亿元，为低空经济发展提供了充裕的资金支持，由此形成了从国家到地方全方位、多层次的政策扶持矩阵。

二、基础设施加快建设，支撑能力不断提升

我国低空经济基础设施建设正在以加速度推进。在通用机场建设方面，截至2024年12月31日，全国已建成并登记的通用机场数量达到475个，见图1-1。这些通用机场的布局持续优化，从最初集中在东部沿海经济发达地区，逐渐向中西部地区拓展，覆盖范围不断扩大，为各类低空飞行器提供了不可或缺的起降保障。例如，在一些旅游资源丰富的中西部地区，新建的通用机场为低空旅游项目的开展创造了条件，促进了当地旅游业的多元化发展。同时，飞行服务站建设也在稳步推进，截至2024年4月，已建成32个。这些飞行服务站犹如低空飞行的"管家"，在提供飞

第一章
悄然崛起：低空经济蓄势待发

行情报服务方面，能够及时向飞行员传递最新的空域信息、飞行限制等；在航空气象服务上，精准提供低空气象数据，帮助飞行员合理规划飞行路线；在告警与协助救援服务中，一旦发生飞行事故或紧急情况，能迅速响应并协调救援力量，极大地提升了低空飞行的安全性与便捷性。

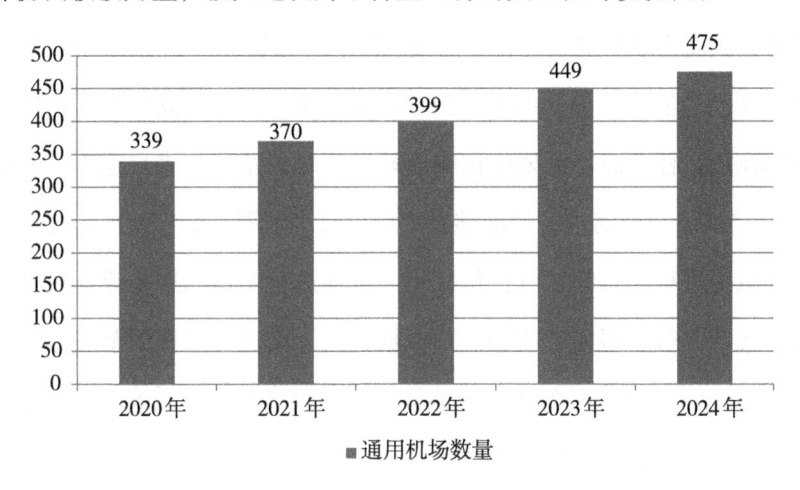

图1-1 2020—2024年我国通用机场数量变化

（2020年：339；2021年：370；2022年：399；2023年：449；2024年：475）

国内在5G-A网络的部署上取得了重大突破，目前已有330多个城市启动了5G-A网络建设。相较于传统的5G，5G-A具备了更高的速率、更大连接性和更低时延等显著特性。这些特性为低空飞行器的实时控制、数据传输、路径规划等提供了稳定可靠的支持，为低空经济的各个环节提供了强大的通信保障。

5G-A网络的建设使低空经济得以在通信能力上迈上一个新的台阶。传统的5G网络虽然已在通信速度和连接数等方面大幅提升，但5G-A相较于传统5G更加强调以下几个方面的技术提升，尤其是在低空经济领域中的应用显得尤为重要。一是5G-A提供了更高的网络速率。这意味着在低空经济场景中，无论是无人机的飞行控制数据的传输，还是实时影像、环境监测

低空经济 乘风而起
产业集群多维赋能区域发展新引擎

数据的传输，都能够在极短的时间内进行高效传输，确保飞行器的精准操作和实时响应。二是5G-A具有更强的连接能力。低空经济中的飞行器数量庞大，尤其是在城市低空物流配送中，成千上万的无人机需要与地面指挥中心进行数据交换。5G-A的更大连接容量使得每一架无人机都可以稳定接入网络，从而实现对低空飞行器的大规模、高效管理。三是5G-A的低时延特性。这也是最为关键的一个方面。在低空飞行中，尤其是无人机等低空飞行器在执行任务时，需要快速响应环境变化以及接收来自控制中心的指令。5G-A网络的低时延特性能够极大地提高飞行器的响应速度，保证在复杂的环境中进行高效的任务执行。无人机在进行城市低空物流配送时，会遇到动态的飞行障碍物，或者需要根据天气、交通等因素调整飞行路径，5G-A网络的低时延特性使飞行器能够实时接收来自控制系统的指令并快速作出反应，确保任务的高效执行。

5G-A网络的通感一体技术在低空飞行器的管理中发挥了至关重要的作用。通感一体技术结合了通信与感知功能，能够对低空飞行器进行实时跟踪、监控并进行精确管理。通过在飞行器上安装传感器设备，低空飞行器的飞行轨迹、速度、位置等数据能够实时传输到控制中心。控制中心可以通过接收到的实时数据进行动态调整飞行器的飞行路径，并对其执行任务的各个方面进行精细化管理。

在城市低空物流配送中，5G-A网络的通感一体技术使得无人机能够在复杂的城市环境中完成精准的配送任务。在飞行过程中，飞行器的各类传感器会不断采集周围环境数据，并将这些数据实时传输到控制中心。与此同时，控制中心也会根据无人机的当前位置、飞行速度、任务要求等数据，对飞行路径进行实时优化。低空飞行器不仅能够根据实时情况规避障碍物，还能与其他飞行器协调飞行，避免发生碰撞，确保空域内的安全

第一章
悄然崛起：低空经济蓄势待发

性。飞行器上的传感器可以帮助无人机在飞行过程中实时感知天气变化（如风速、气压、湿度等），并对飞行路径进行微调，确保飞行安全。

5G-A网络技术为低空经济的发展提供了强大的支持，不仅提高了飞行器的自主性，也提升了飞行管理系统的智能化水平。在这种智能化的管理模式下，低空经济可以更高效地协调多个飞行器之间的协作，进行大规模的低空飞行器调度与运营，从而大幅提升物流配送效率，减少飞行器的运营成本。

低空经济的飞行器不仅依赖通信网络的稳定运行，还需要气象监测数据的实时支持。在低空飞行过程中，天气状况直接影响飞行器的安全性与稳定性，特别是在风速较大、降水、温度等因素较为复杂的环境下，飞行器的飞行路径和作业方式需要根据实时气象数据进行调整，低空航空气象监测设施的建设成为低空经济发展的又一重要保障。

近年来，随着低空经济需求的不断增加，低空航空气象监测设施也在逐步增设和更新。通过在关键地区和飞行空域内建设气象监测站点，低空飞行器能够及时获取精准的气象数据。这些数据包括风速、气温、湿度、大气压力等，能够为飞行器提供实时的飞行环境评估。当飞行器处于复杂的气象条件下时，系统会根据数据分析提供飞行路径优化建议，避免飞行器进入危险区域。气象数据还能为无人机的航程规划、任务调度等提供重要参考，帮助提升飞行任务的成功率和安全性。某些城市低空物流配送项目中，系统会实时采集空域内的气象数据，并结合无人机的飞行数据，对飞行任务进行智能调度。若天气发生变化，系统会立即发出警告并调整飞行器的飞行路线，避免无人机遭遇强风或降雨等恶劣天气，从而提高了低空飞行器的任务执行能力和安全性。

三、技术创新成果显著，部分领域全球领先

在技术创新领域，我国在无人机研发设计、装备制造以及新一代通信技术等方面成绩卓著，在全球处于领先地位。根据中国航空运输协会发布的《2023—2024中国民用无人驾驶航空发展报告》，截至2024年8月底，我国无人机实名登记数为198.7万架，比2023年年底增加了72万架。这一数量位居全球第一。与此同时，无人机企业数量也迅猛增长，达到1.9万家，孕育出深圳市大疆创新科技有限公司（简称大疆）、广东汇天航空航天科技有限公司（简称小鹏汇天）等一批在全球具有广泛影响力的民用无人机龙头企业。以大疆为例，其在无人机飞行稳定性、拍摄画质等关键技术指标上，远超同行业其他企业，产品畅销全球100多个国家和地区。

在关键零部件领域，我国企业也有明显优势。在电池方面，国产电池在能量密度、续航能力等方面表现出色；在航空材料领域，研发出多种高强度、轻量化的新型材料，广泛应用于无人机及其他低空飞行器制造；在飞行控制系统方面，自主研发的智能飞控系统，具备高度的可靠性和智能化水平，能够实现飞行器的自主飞行、避障等功能。

在eVTOL领域，尽管目前仍面临电池能量密度有待提升等技术挑战，但我国企业积极探索，不断取得阶段性成果。沃飞长空AE200电动飞行器已成功完成6人座级试飞，这一成果标志着我国在eVTOL技术研发上迈出了重要一步。此外，5G-A、北斗卫星导航、大数据等技术的快速发展，也为低空新型基础设施建设和低空飞行器广泛应用提供了有力技术支撑。5G-A技术实现了低空通信的高速稳定；北斗卫星导航系统凭借高精度定位能力，确保低空飞行器飞行路线的精准性；大数据技术则可对海量的低空飞

行数据进行分析,为飞行调度、安全管理等提供决策依据,全方位推动我国低空经济技术创新持续向前发展。

四、市场应用日益丰富,产业规模快速增长

我国低空经济的市场应用场景持续拓展,已深度融入生产、生活和社会治理的各个方面。植保无人机在农业作业中发挥着重要作用,其在农药喷洒环节,相较于传统人工喷洒,效率提高数十倍,且能实现精准施药,减少农药浪费;在作物播种时,可根据农田地形、土壤条件等进行精准播种,提高了农业生产效率,降低了人工成本。在消费领域,低空通勤为城市居民在出行高峰期提供了全新选择。在一些交通拥堵严重的大城市,如北京、上海,低空通勤航线的开通,极大地缩短了出行时间,缓解了地面交通压力。低空观光项目也备受游客青睐,在张家界、黄山等著名景区,游客乘坐直升机或小型飞机从空中俯瞰美景,获得了独特的旅游体验,丰富了当地旅游产品供给。在产业应用方面,无人机配送有效解决了偏远地区或交通不便地区的"最后一公里"配送难题。在一些山区或海岛,无人机能够快速、高效地将物资送达,提高了物流配送效率。此外,在应急救援领域,无人机可在地震、洪水等灾害发生后,迅速抵达现场进行灾情侦察、物资投送;在城市管理中,用于违章建筑巡查、城市环境监测等;在公共安全方面,协助警方进行治安巡逻;在环保监测中,对大气污染、水污染等进行实时监测,低空经济在这些领域均展现出巨大应用潜力。

《中国低空经济发展研究报告(2024)》显示,2023年中国低空经济规模为5059.5亿元,增速高达33.8%。根据中国民用航空局数据,2025年我国低空经济的市场规模有望达到1.5万亿元,到2035年更有望攀升至3.5万

亿元，展现出极为广阔的市场前景。

五、产业生态逐渐繁荣，协同发展趋势明显

为促进产业协同发展，各级低空经济产业联盟如雨后春笋般纷纷成立。从全国层面的中国低空经济联盟，到区域层面的粤港澳大湾区低空经济产业联盟、京津冀低空经济产业联盟等。这些联盟积极搭建沟通协作平台，推动产业链上下游企业在技术创新、应用场景拓展、安全监管等方面展开深度合作。在技术创新上，组织企业与科研机构联合攻关，突破关键技术难题；在应用场景拓展方面，整合各方资源，共同开发新的应用模式；在安全监管领域，制定统一的行业安全标准，加强行业自律。北京、上海、杭州、合肥等15个城市与企业携手共建低空经济生态圈，计划到2025年打造涵盖低空飞行路线、低空应用示范区等多个领域上百个示范项目。例如，杭州在城市低空物流配送示范项目中，整合了物流企业、无人机制造企业、通信运营商等多方力量，实现了从无人机研发制造、通信保障到物流配送运营的全链条协同发展。

在产业投资方面，各地积极布局，陆续成立低空经济产业基金。据不完全统计，目前全国已有20个省市成立低空经济产业基金，总规模超千亿元。航空工业集团牵头成立低空经济创新联合体，整合行业优势资源，推动产业创新发展；航天科技集团签下600亿元低空经济订单，为产业发展注入强大动力；社会资本年投入增速超40%，大量资本的涌入为低空经济产业发展提供了充足的资金保障，推动产业生态不断繁荣，协同发展趋势越发显著。

第一章
悄然崛起：低空经济蓄势待发

低空经济　前景广阔[①]

在湖北武汉短途出行可坐"空中巴士"，在广东深圳点的外卖可能由无人机投递，在福建泉州下单的脐橙搭着无人机"飞"出果园……低空经济加速布局、前景广阔，整体规模有望于2026年突破万亿元。

加速布局，得益于技术不断创新。近年来，飞行装备在无人化、电动化、智能化方面进展显著，凸显低空飞行高效、便捷的优势，推动低空产业发展。随着新一代信息技术与航空技术深度融合，低空产业已成为培育新质生产力和经济新增长点的重要方向。

前景广阔，体现在场景持续拓展。不止于城市空中交通，个性化旅游、多样化物流等需求的增加成为低空经济发展的重要驱动力。"低空+旅游"，为游客提供独特视角和体验；"低空+物流"，让城市物流降本、增效、提质。此外，在应急救援、环境监测、城市管理等多个领域，低空经济也逐渐崭露头角。

低空经济的产业链条长且覆盖面广，但仍处于起步阶段，面临低空空域开发不足、基础设施建设有待加强等问题。期待这一新兴产业在发展中解决"成长的烦恼"，乘风而起、乘势而上。

[①] 吕钟正.低空经济　前景广阔[N].人民日报，2025-02-19（10）.

第三节 发展低空经济的意义

低空经济的发展对我国经济社会和人民生活带来了诸多影响。

一、从宏观层面来看

（一）推动经济增长

低空经济是一个充满活力和创造力的行业，它具有强大的产业带动能力，并且涵盖了许多新兴领域。随着科技进步，低空经济正在快速扩展，成为全球新兴经济增长的原动力之一。低空经济不仅促进了传统产业的发展，也催生了许多新兴产业，对经济增长的推动作用日益显现。

1.带来了新的经济增长

低空经济是由飞行器制造、低空飞行运营及其相关应用等多个行业组成的完整产业链。低空经济的核心特征之一就是产业链条长、应用场景广泛，这使得其在推动经济增长方面展现出巨大的潜力。传统的通用航空业态和新兴的无人机产业共同推动了这一新型经济形态的发展，形成了以无人机为支撑的低空生产服务方式。低空经济不仅仅是在飞行器技术上的创新，更是一种综合的经济模式，它将先进的飞行技术与各行各业的应用场景深度融合，形成了一个富有活力的产业体系。

第一章
悄然崛起：低空经济蓄势待发

近年来，我国低空经济的规模呈现出迅猛增长的态势，市场需求的快速扩张和技术进步的推动使得这一新兴行业不断发展壮大。统计数据显示，2023年我国低空经济的市场规模已经突破5000亿元大关，展现出强劲的发展势头。随着低空经济的全面推广，市场预期到2035年，这一行业的市场规模有望攀升至3.5万亿元，蕴藏着极为广阔的潜力。低空经济不仅是一个技术性行业，它也在为社会带来巨大的经济回报，是未来经济增长的重要支柱之一。

低空经济带来的经济增长，不仅体现在自身产业的快速发展上，还体现在对传统产业的支持和促进上。低空经济作为一个多元化的产业链，涵盖了农业、制造业、物流业、旅游业等多个领域。无人机能够有效服务农林牧渔等传统产业，提升其技术水平，推动产业现代化。这种技术融合的作用不仅促进了传统产业的升级，还为其创造了新的市场需求。

低空经济的快速发展将直接推动GDP的增长。随着低空经济的产业链不断延伸，从上游的飞行器制造到中游的运营服务，再到下游的应用领域，其对国家经济增长的贡献日益增大。低空经济正在成为国家战略中的重要组成部分，不仅为国内市场带来了新的经济增长点，还在全球化的市场竞争中提升了我国经济的国际竞争力。低空经济的强劲增长不仅提升了国内的生产力，还为全球经济增长贡献了新的动力。

2.带动相关产业发展

低空经济并非孤立发展，它与多个传统和新兴产业紧密相连，相互促进。如在制造业领域，低空经济对航空航天制造业的推动作用尤为显著。为了满足低空经济对飞行器的需求，制造企业不断加大对飞行器设计和制造技术的创新投入。在飞行器设计方面，先进的空气动力学模拟软件的应用使飞行器的设计更为精确和高效，通过优化机身外形和降低飞行阻力，

低空经济 乘风而起
产业集群多维赋能区域发展新引擎

提高了飞行性能；在制造技术上，3D打印技术的引入，使得复杂零部件能够更快速、准确地制造，这大大提高了生产效率，并降低了制造成本。

低空经济的快速发展带动了发动机、导航设备、通信系统等关键零部件产业的快速成长。在通用航空飞机的制造过程中，涉及大量高精度的航空零部件，如高性能的航空发动机、精确的卫星导航设备以及稳定的通信电台。这些零部件的研发和生产直接推动了相关制造业的升级，尤其是在高端制造领域，飞行器制造商对高端零部件的需求促使零部件供应商不断提升技术水平、加大研发投入。在这一过程中，航空航天制造业的技术进步不仅促进了低空经济的发展，也推动了整个制造业向高端化、智能化方向发展，形成了产业链内外的协同效应。

除了制造业，低空经济对服务业的带动作用同样显著。随着低空经济的快速发展，航空服务、飞行器操作及维护、飞行员培训等领域的需求也大幅增加。尤其是在飞行员培训领域，许多专业院校和培训机构不断加大投入，为行业输送大量专业人才。相关职位需求的增加，为服务业创造了大量就业机会。在低空经济的推动下，培训机构不仅培养了大量的飞行员和地勤人员，还进一步推动了相关技术的研发与应用，使得飞行器操作更为安全、智能，推动了低空产业的可持续发展。

低空经济作为一个高度集成的产业链，不仅为传统产业提供了技术支撑和产业升级的动力，也为新兴产业的快速发展创造了市场机会。低空经济的扩张不断推动相关产业的技术创新和产业转型，形成了一个产业协同发展的良性循环，不断增强我国经济的整体竞争力。随着低空经济的进一步发展，其所带动的产业链效应将更加显著，推动我国经济朝着更加高效、智能、绿色的方向发展。

第一章
悄然崛起：低空经济蓄势待发

（二）促进区域经济发展

低空经济的快速发展不仅能够推动整体经济的增长，还在促进区域经济方面发挥了至关重要的作用。通过优化产业结构、促进产业多元化发展和区域协调发展等方面，低空经济为各地区带来了新的机遇和挑战，进一步推动了国家和地方经济的全面发展。

1. 促进产业结构优化和多元化发展

低空经济的崛起给传统经济模式下的一些地区带来了全新的发展机遇，尤其是在一些经济相对落后的地区，低空经济的引入为这些地区打破了长期存在的产业瓶颈，并为当地的经济注入了新的活力。许多地区，特别是山区或偏远地区，长期受到交通不便、地理条件限制等因素的影响，其传统产业难以实现突破。通过引入低空经济，这些地区能够更好地利用其独特的资源禀赋，如优美的自然风光、丰富的农业资源等，发展低空旅游、无人机物流、航空农业等新兴产业。

在一些交通不便的山区，由于道路交通条件有限，传统的物流和旅游行业发展受限。然而，低空经济的引入使得这些地区能够借助无人机物流和低空飞行器等方式，突破交通限制，打破传统产业的局限性。无人机物流可以使当地的农产品和工业品通过空中运输快速流通到外部市场，提高物流效率，降低运输成本，推动当地农业和制造业的发展。

低空经济的发展，使低空旅游成为一个创新的产业方向。山区和偏远地区往往具备得天独厚的自然资源，如美丽的山川、湖泊、森林等，借助低空经济，游客可以通过直升机、热气球等飞行器俯瞰这些自然景观，获得全新的旅游体验。低空旅游不仅能够吸引游客，也为当地创造了丰厚的经济效益，促进了旅游业与当地其他产业的深度融合。这种产业发展模式不仅增加了当地的经济收入，也推动了当地基础设施建设的改善，促进了就业和社会福利的提升。

低空经济的引入打破了传统的产业发展方式,为部分地区提供了转型和升级的机会。通过发展低空经济,这些地区能够借助新技术、新模式和新产业,改善过去产业单一、经济增长乏力的问题,实现产业结构的优化和多元化发展。特别是在数字化和智能化背景下,低空经济的多元化特征能够让地方经济在新一轮的产业革命中迎头赶上,为地方政府提供了一个全新的战略发展选择。

2. 促进区域协调发展

低空经济不仅能够为各地区带来经济增长和产业结构优化,还在促进区域协调发展方面发挥了重要作用。我国地域辽阔,各地区之间在经济发展水平、资源禀赋、产业结构等方面存在显著差异。长期以来,这种差异使得地区间经济发展不平衡,进而制约了国家整体发展水平的提升。低空经济的引入提供了一种新的路径,通过促进区域间的资源共享、技术合作和政策协调,有助于缩小发展差距,推动经济的均衡发展。

低空经济为一些经济相对落后的地区提供了赶超的机会。这些地区可以通过发挥其独特的地理优势和资源禀赋,吸引外部投资和技术支持,带动当地产业发展,促进区域经济的快速增长。以无人机物流和低空旅游为例,一些经济相对落后的地区通过发展这些新兴产业,不仅能够解决传统产业发展中的瓶颈问题,还能为当地创造大量的就业机会,提升基础设施建设和公共服务水平。

低空经济也能有效促进高新技术产业的引进和发展。一些地方政府通过设立低空经济产业园区或产业基金,吸引国内外企业入驻,推动技术创新和产业集聚。高新技术企业的进入不仅推动了地方经济的快速发展,还提升了当地的创新能力和产业竞争力。某些地方通过大力发展eVTOL产

第一章
悄然崛起：低空经济蓄势待发

业，吸引了大量航空制造、智能控制和新能源领域的企业进驻，这些企业的技术创新推动了地方产业的高端化和智能化升级。

低空经济的发展能够促进区域间的合作与交流，强化经济联系和互动，通过政府间的合作、行业间的联动以及企业间的协作，不同地区可以实现优势互补、资源共享。一些经济相对落后的地区可以通过与经济发达地区的技术合作，提升当地的技术水平，借助外部资源和资本，推动本地企业的发展。低空经济的发展还促进了人才的流动和聚集。低空经济产业链中的技术研发、飞行运营、空管服务等环节都需要大量高端人才，通过低空经济的推动，人才流动变得更加频繁和高效，进一步提升了地区的整体竞争力。

低空经济不仅促进了区域内的产业集聚，还推动了区域之间的协调发展。在低空经济的辐射带动下，不同地区可以通过共享技术、共享市场和共享资源的方式，互补不足，提升整个国家的区域经济水平。通过低空经济，许多地区的技术水平、产业结构和资源配置得到了优化和改善，推动了区域之间更高效的合作和发展。

综上可知，低空经济在促进区域经济发展方面的作用是显而易见的。它通过推动产业结构的优化、促进区域间的经济协调、提升技术创新能力以及促进人才流动，为各地区提供了全新的发展机遇，推动了国家经济的均衡发展和社会的全面进步。低空经济的发展带来的不仅是技术革新，更是经济发展的新动力，为我国各地区的长期繁荣奠定了坚实基础。

（三）推动国家战略实施

低空经济作为新兴的战略性产业，与我国当前实施的制造强国、科技强国、交通强国等国家战略高度契合，是落实国家战略目标、推动高质量发展的重要抓手。其技术密集、融合度高、渗透力强的特征，使其不仅具备经济拉动力，也具有战略引领性与国家安全支撑功能。

1. 落实国家战略

低空经济的发展在多个国家战略中均扮演着关键角色。在制造强国战略中，低空经济依托于航空航天制造领域，通过飞行器的研发与制造不断推动我国在高端装备制造领域的技术进步和自主创新能力。飞行器的设计、动力系统、复合材料、航空电子、飞控系统等，均代表了制造业的最前沿技术水平。以我国自主研发的AG600水陆两栖飞机为例，在研发过程中，我国工程技术团队攻克了数十项关键技术，如特大型浮筒设计、复杂水上起降控制系统等，打破了国外技术垄断，显著提升了我国航空制造的核心竞争力。这些成就不仅为低空经济提供了硬件保障，也为制造强国建设树立了标杆。

在科技强国战略中，低空经济是多项核心技术的集成应用场景，其快速发展对提升我国自主科技创新能力起到了强劲推动作用。低空飞行器大量应用的人工智能技术、通信导航系统、高精度传感器、新能源驱动系统等，均是科技创新的关键突破口。在智能控制方面，无人机已经实现了高度自动化飞行、路径自主规划、障碍规避等功能，背后依赖的便是强大的AI算法与边缘计算能力；在能源系统方面，部分eVTOL飞行器正在试验氢燃料电池和固态电池，这些新能源技术一旦成熟，不仅能够替代传统燃油系统，更将引发一场能源革命。这些技术的广泛部署与实际应用，构建了我国科技创新成果落地转化的重要平台，为国家科技创新体系注入了源源不断的动力。

在交通强国战略中，低空经济拓展了城市和区域之间的立体交通维度，是对传统地面交通系统的有效补充。随着城市化进程的推进，交通拥堵问题日益严峻，而低空通勤作为新型出行方式，能够通过无人机、

第一章
悄然崛起：低空经济蓄势待发

eVTOL等飞行器实现"空中通勤"，大幅缩短城市内部或近距离区域之间的出行时间。深圳、上海等地已经开展低空物流和低空出行的试点项目，利用无人机进行快递投送、医疗样本传输等业务，极大提升了城市运行效率。随着通用航空体系建设和低空空域逐步开放，低空交通将与铁路、公路、水运、地铁等多种交通方式实现融合互补，构建"天地一体化"的交通体系，从而推动我国全面迈入立体化智能交通时代。

低空经济在落实国家多项重大战略中发挥着多维作用，是推动中国从制造大国走向制造强国，从科技追赶走向科技引领，从交通瓶颈走向高效协同的关键支柱性力量。

2. 保障国家安全

除了在经济与技术层面的战略意义，低空经济在国家安全防御体系中的地位同样不可或缺。低空空域作为长期以来相对封闭的战略区域，其安全性直接关系到国家整体防控能力。随着低空经济的快速发展，空域活动频次大幅提升，各类飞行器在城市、边境、敏感区域的运行风险也随之增加，这对我国空域安全管理提出了更高要求。

加强对低空空域的管控能力建设已成为国家安全体系的重要任务。通过发展低空经济，国家能够以市场化为牵引，推动低空空域管理机制改革，构建智能化、实时化的空域监管平台。相关部门正在布局"低空监测—预警—响应"一体化系统，结合雷达、光电、北斗导航、5G通信等技术，实现对低空飞行器的动态监管。在应对非法无人机飞行、恶意飞行或对敏感区域偷拍等行为时，可通过布设反无人机监测系统，第一时间发现异常飞行轨迹，及时进行拦截或干扰，最大限度地消除潜在威胁。

低空经济发展所带来的产业积累也为国防科技创新和军民融合战略提供了强大支撑。许多民用航空技术，如高性能复合材料、先进航空电子设备、新一代通信系统、图像识别算法等，经过技术适配与改进后，可广泛应用于军事装备研发与作战系统建设中。军方正在探索将民用无人机技术用于战场侦察、边境巡逻、火力打击辅助等场景，这些"民转军"的技术路径显著降低了研发成本，加快了军备现代化进程。

低空经济所涉及的飞行控制技术、数据通信系统、卫星导航服务等，也可为国家应急体系和反恐防卫提供有力技术支持。在发生重大灾害时，具备远程侦察能力的无人机可以在恶劣环境下快速投放急需物资或完成灾情评估，大幅提升国家灾害应对效率。可以说，低空经济的安全战略意义不仅体现在对空域活动的管控能力上，更体现在其所承载的高科技产业链对国家安全技术底座的建设支撑作用。从战略高度出发，推动低空经济发展，实质上是对国家主权、安全、发展利益的有力维护，是构建强大国防与稳固安全屏障的重要组成部分。

（四）提高公共服务水平

低空经济作为一个新兴行业，正在全面提升社会公共服务的能力和效率。低空飞行器，尤其是无人机，凭借其快速响应、高效执行和灵活机动的优势，在多个领域中扮演着日益重要的角色。无论是灾难救援、城市管理，还是数字生活场景的构建，低空经济都在推动公共服务水平的提升，尤其是在应急救援、城市精细化管理和数字生活服务方面的作用愈加突出。

1. 完善应急救援体系

低空经济的发展为我国的应急救援体系带来了革命性的变革。低空飞行器，尤其是无人机，由于其机动性强、操作灵活、成本相对低廉，成为现代救援行动中的关键装备。无人机能够迅速到达灾区并进行现场侦察，获取精准的第一手信息，为救援工作提供及时的决策支持。在面对自然灾

第一章
悄然崛起：低空经济蓄势待发

害如地震、洪水、森林火灾等，或者突发的公共安全事件时，低空飞行器的快速反应能力和高效执行力发挥了至关重要的作用。

如在2021年河南特大暴雨灾害中，随着交通阻断和通信设施的瘫痪，传统救援手段面临巨大挑战。此时，多架无人机和直升机紧急出动，迅速抵达灾区，实施高效的空中救援任务。无人机搭载高清摄像头和热成像设备，迅速获取灾区的实时情况，及时拍摄受灾画面，帮助指挥中心精准掌握灾情，指导后续救援方案的制定。无人机还能够将急需物资如食品、饮用水等快速运输到灾区，有效减轻了救援压力。

在火灾救援中，低空飞行器的作用同样不容小觑。无人机可以通过搭载热成像设备，实时监测火灾现场的火势蔓延方向、火灾现场温度分布等关键数据。这些数据不仅帮助消防人员制定合理的灭火策略，还能在火灾现场找到最安全的作业路径，大大提高了救援效率，减少了人员的伤亡风险。无人机还能够对火灾发生后的环境进行评估，为灾后恢复工作提供数据支持。

低空经济的快速发展使得我国的应急救援体系变得更加智能化、精确化。无人机、直升机等低空飞行器通过与地面指挥中心的协同，极大提升了应急响应的速度和效率，不仅缩短了救援时间，也减少了人员的安全风险，为保护人民生命财产安全提供了更为坚实的保障。

2. 助力城市精细化管理

随着城市化进程的推进，城市管理的复杂性日益增加。低空飞行器的引入，不仅提高了城市管理的效率，还使得城市管理更加精细化、智能化。借助无人机等低空飞行器，城市管理部门能够对城市的基础设施、交通情况、环境质量等进行全方位、无死角的实时监控，提前发现潜在问题并及时处理。

在城市基础设施巡检方面,传统的人工检查方法存在着效率低、成本高、安全隐患大等问题,而无人机的应用改变了这一局面。无人机通过搭载高清摄像头和红外热成像技术,可以定期对城市的道路、桥梁、电力设施、通信基站等进行细致的检查。在无人机的帮助下,城市管理部门能够实时获取这些设施的运行状态数据,利用图像识别技术发现潜在的安全隐患。无人机可以精准地发现道路上的裂缝、桥梁的结构损伤、电力设施的故障等问题,并及时将信息反馈给相关部门,这样一来管理部门可以迅速采取措施,避免事故的发生,保障城市的正常运行。

在交通管理方面,无人机也能够发挥巨大的作用。通过搭载高清摄像头和传感器,无人机可以实时监测城市交通流量和交通事故,协助交通管理部门进行精准的交通疏导。无人机可以拍摄和分析交通瓶颈区域的交通状况,为交通管理部门提供精准的数据支持。基于这些数据,交通管理部门能够合理调整交通信号灯配时,疏导交通流量,从而缓解交通拥堵问题,提高出行效率。

在环境监测方面,无人机的应用也取得了显著的成效。无人机可以对城市的空气质量、河流污染、土壤状况等进行实时监测,采集环境数据。通过传感器监测空气中的污染物浓度、河流中的水质指标等,无人机能够为城市环境治理提供数据支持。管理部门可以基于无人机获取的数据,及时采取措施,优化城市环境管理策略,推动空气质量改善、水污染治理等工作,为市民创造更加宜居、宜业的生活环境。

3. 构建数字生活场景

随着低空经济的快速发展,低空飞行器的广泛应用不仅仅限于公共安全、城市管理领域,它还能够为现代社会创造丰富的数字生活场景,提高人们的生活质量。低空经济的发展,伴随着智能基础设施的建设,正在为

第一章
悄然崛起：低空经济蓄势待发

人们的美好生活需要提供全新的服务方式。

在数字经济方面，低空经济的影响尤为深远。通过数字技术与低空飞行器结合，乡村农产品能够通过电商平台走向城市市场，带动农民收入的增长，使传统农业生产模式向数字化、智能化转型。低空经济的应用为农民打开了一个全新的销售渠道。通过电商直播等方式，农民能够直接与消费者互动，将自己的农产品推向全国市场，实现增收致富。无人机还可以通过智能化作业，帮助农民进行精准农业管理，包括田间地头的农业监测、喷洒农药、施肥等工作，进一步提升农业生产的效率和精准度。

低空经济还推动了数字便民服务的普及，如远程医疗、线上教育、实时政务办理等。低空飞行器能够实现无人机医疗物流配送，快速将急需的医疗物资送到偏远地区，保障远离大城市的群众及时得到医疗服务。无人机还可以将医疗设备、药品等重要物资快速传输，提高了偏远地区的医疗保障能力，弥补了传统医疗服务的不足。

低空经济的发展推动了在线教育和政务服务的创新。无人机在偏远地区的应用使得教育资源的流通更加广泛，偏远地区的学生通过互联网与城市的优质教育资源对接，享受更多的学习机会。而政务服务的数字化、实时化发展，也使得群众能够便捷地进行线上办事，极大地提升了行政效率。

通过低空经济的应用，数字生活场景得到了极大的丰富和扩展，推动了社会各个领域的数字化转型。低空经济不仅促进了经济发展，也提高了人民的生活质量，满足了人们对于便捷、智能、高效的服务需求。

低空经济不仅是技术的革新，也深刻影响着公共服务的各个方面。从应急救援到城市管理，再到数字生活场景的构建，低空经济通过其高效、精准的应用，极大地提升了社会服务水平，为人民提供了更高质量的生活和保障。随着低空经济的持续发展,公共服务将不断提升,社会将更加智能化、数字化。

二、从微观层面来看

(一)企业层面

1. 拓宽业务领域

对于众多企业来说,低空经济宛如一片充满机遇的蓝海,为其提供了前所未有的业务拓宽空间,利用这一契机,企业可以实现业务的转型升级与多元化发展。例如,在物流企业方面,京东、顺丰等行业巨头积极布局无人机配送业务,通过在城市周边建立无人机配送站点,拓宽末端配送渠道,有效提高了配送效率和服务质量,满足了消费者对于快速配送的迫切需求。有的建筑企业充分利用无人机进行工程测绘、施工现场监控等工作。在大型建筑项目中,无人机能够快速获取施工现场的地形地貌信息,生成高精度的三维模型,为工程设计和施工方案制定提供准确数据。同时,通过实时监控施工现场,能够及时发现安全隐患和施工进度问题,提高工程建设的管理水平和效率。农业企业采用无人机进行植保作业已成为发展趋势,极飞、大疆等企业的无人机产品能够根据农田的实际情况,精准进行农药喷洒、施肥等作业,实现精准农业。这样不仅降低了生产成本,减少了农药和肥料的浪费,还提高了农作物产量和质量。此外,低空经济的发展催生了一批专注于相关业务的新兴企业,如无人机制造企业、提供专业低空飞行服务的企业等,这些企业在新的市场领域中不断探索创新,开拓出全新的业务增长点。

第一章
悄然崛起：低空经济蓄势待发

2. 提高运营效率

随着低空经济的发展，低空飞行器尤其是无人机的应用逐渐渗透到各行各业，帮助企业显著提高运营效率、降低综合成本。在生产、巡检、物流等环节，低空飞行器的引入正逐步改变企业的生产经营模式，提升工作效率并降低运营成本。工业企业尤其是大型工厂中，设备和管道的数量庞大，定期巡检是保证工厂高效安全运行的关键。传统的人工巡检不仅需要大量人力，耗时费力，还存在一定的安全隐患和漏检风险。工人需要在复杂且存在危险的环境中作业，巡检过程中会因为疏忽或环境因素，导致设备故障或隐患未能及时发现，从而影响生产进程或增加安全隐患。

引入低空飞行器，特别是无人机，能够有效解决这一问题。无人机可以搭载高清摄像头、红外热成像仪、气体探测器等设备，迅速对工厂内的设备、管道等进行全面巡检，尤其是那些难以接触的设备部分，减少了人工巡检中存在的盲区。无人机的高清摄像头可以实时传输画面，让操作人员在地面控制中心就能看到设备的运行状态，及时发现潜在的故障隐患，如管道泄漏、设备过热或振动异常等问题。而热成像仪则能够帮助识别设备的温度变化，精准地发现过热区域，提前预警故障，避免设备因为温度过高而损坏或产生危险。

相较于人工巡检，无人机巡检的效率显著提高，不仅能大大减少设备停机时间，还能提前发现问题，从而在故障发生之前进行维修或更换，避免了因突发故障导致的停产，减少了生产损失。由于无人机可以在高风险或难以接近的地方作业，能够有效避免人工巡检中出现的安全事故，如高空作业或有毒气体泄漏的环境。通过无人机的辅助，企业不仅降低了安全管理的风险，还能够通过数据采集和分析优化维护计划，延长设备使用寿命，进一步降低运营成本。

低空经济　乘风而起
产业集群多维赋能区域发展新引擎

在农业生产中，无人机植保的优势尤为显著。在传统的农业生产方式中，农药喷洒和施肥作业主要依赖人工，效率低下且劳动强度大，尤其是在大规模农田中，人工操作不仅耗时且容易受到天气、地形等因素的影响，导致作业不均匀，从而影响作物的生长和产量。过度喷洒农药和肥料也会增加生产成本，且对环境和生态造成负担。无人机植保则解决了这些问题。通过搭载精准的传感器和喷洒系统，无人机可以在短时间内完成大面积农田的作业任务，喷洒更加均匀且精确。无人机的智能控制系统能够根据作物的不同生长需求，自动调整喷洒高度、速度和喷洒量，确保农药和肥料的使用效率最大化，避免浪费。与人工喷洒相比，无人机植保不仅节省了大量的人工成本，还提高了作业的精确性和效率，确保作物能够得到最合适的生长环境。无人机还能够通过高清摄像头和传感器进行实时作物监测，及时发现病虫害、土壤湿度等问题，并通过数据分析得出作物生长的趋势，为农民提供科学的管理决策。某些无人机系统可以通过图像识别技术检测作物的叶片颜色变化，及时发现病虫害或营养不良问题，并根据情况进行精准施药或施肥。

在物流行业，低空飞行器的引入也极大提高了运营效率。无人机作为一种新型配送工具，能够实现点对点的快速配送。在城市中，无人机可以利用空中路线避开地面交通，节省了大量的时间，并减少了车辆的碳排放。在一些交通高峰时期，无人机的使用能够大大缓解传统配送方式的压力，提高配送效率，确保及时送达。无人机可以快速跨越山地、河流等自然障碍，将物品送达客户手中，极大提高了物流系统的效率和覆盖范围。

低空经济的快速发展不仅为各行业带来了全新的运营模式，也为提高生产效率、减少运营成本、提升客户满意度提供了有力支持，推动了企业和行业的可持续发展。

第一章
悄然崛起：低空经济蓄势待发

（二）个人层面

低空经济的崛起不仅对国家经济和产业发展产生了深远影响，也在个人层面带来了显著变化。随着低空经济的蓬勃发展，个人的消费体验和就业机会都得到了丰富与提升。低空经济为个人提供了更加多样化和个性化的消费选择，同时也为个人职业发展创造了新机会，提高了收入水平。

1. 丰富个人消费体验，优化个人消费结构

低空经济的迅猛发展为个人带来了全新的消费方式，显著丰富了人们的消费体验。随着低空飞行技术的普及，许多传统的消费领域得到了升级和转型，同时也催生了一系列新的消费项目，推动了消费市场的多元化和升级。低空经济的不断发展使得与飞行相关的消费项目逐渐增多，提供了更多的娱乐和休闲选择。低空运动项目如滑翔伞、动力伞、热气球、空中跳伞等户外运动项目，吸引了大量追求刺激和偏好极限体验的消费者。这些项目让人们能够亲身体验飞行的乐趣，感受从高空俯瞰大地的独特体验，极大地丰富了人们的休闲和娱乐方式。通过低空飞行，消费者不仅能满足户外探险的需求，还能够享受到身心放松和挑战自我的乐趣。这些新型的低空运动项目吸引了大量的年轻群体以及喜欢极限运动的人群，推动了消费结构的升级和多元化。

低空经济还促进了环保和可持续消费理念的普及。随着低空经济的不断发展，无人机、eVTOL等低空飞行器正在逐渐取代传统的地面交通工具，这一转变为环保型消费提供了新的选择。低空飞行器的电动化、智能化，使其比传统的燃油车更加环保和高效，还能够有效减少空气污染和碳排放。消费者在选择低空经济产品时，更加注重环保、绿色消费和可持续发展，这也推动了更多绿色产品和服务的出现。低空经济通过推动这一消费理念的普及，影响着个人的消费决策，促使人们更加倾向于选择健康、

环保、可持续的消费方式，从而进一步优化个人消费结构。

低空经济的发展不仅提供了多样的消费选择，还改变了消费市场的结构，带动了消费水平的提升。从低空旅游到低空运动再到环保消费，低空经济的发展拓展了个人消费的广度和深度，消费者对更高品质生活的需求也得到了满足，消费方式变得更加个性化、便捷化，消费结构逐步向着更绿色、可持续的方向转型。

2.创造更多就业机会，提高个人收入水平

低空经济不仅为消费者提供了更多的消费选择，也为个人带来了丰富的就业机会。随着低空经济产业的不断壮大，新的就业岗位应运而生，涵盖了从飞行器设计、制造到飞行操作、维护、物流配送等多个领域。低空经济的崛起为个人提供了多样的职业选择，并且随着行业的发展，越来越多的职业岗位具有更好的发展前景和收入潜力。

低空经济的快速发展催生了与飞行器相关的各种技术岗位和服务岗位。在飞行器制造领域，工程师、技术工人、设计师等岗位的需求大幅增加。飞行器的研发和制造需要涉及多个学科领域的专家，包括航空工程师、动力系统工程师、复合材料专家等。随着低空飞行器种类的不断丰富，无论是无人机、eVTOL还是其他类型的飞行器，都需要大量专业人才进行研发、设计和制造，这为具有相关技术背景的个人提供了广阔的职业发展空间。

在低空飞行服务领域，飞行员和地勤人员也是不可或缺的重要岗位。飞行员负责低空飞行器的安全操作，而地勤人员则负责飞行器的日常维护、检查和修理。特别是无人机行业的蓬勃发展，为无人机驾驶员、无人机维修师、无人机培训讲师等新兴职业提供了广阔的就业机会。随着无人机应用场景的不断扩大，这些新兴职业不仅薪资待遇较为优厚，而且随着

第一章
悄然崛起：低空经济蓄势待发

技术的不断进步和市场需求的增加，职业前景十分广阔。

低空经济的发展也带动了上下游相关产业的就业增长。航空零部件制造、飞行器维修、飞行器测试等领域的就业机会也在增多。航空旅游行业的兴起，使导游、旅游经理、飞行器维修技术人员等岗位需求不断增加。通过低空经济产业的带动，相关的服务行业和配套产业得到了快速发展，为个人提供了更加丰富的就业选择。

低空经济在促进就业增长的同时，也为个人收入水平的提高创造了机会。由于低空经济产业的技术性和专业性较强，因此相关从业人员的薪资待遇普遍较高，尤其是在飞行器制造、飞行员培训、无人机技术等领域，个人能够获得相对较为优渥的收入。随着行业的持续发展，更多的技术和管理岗位将不断涌现，这些岗位不仅拥有较高的薪资待遇，也为个人职业发展提供了更多的成长机会。

总而言之，低空经济作为一个新兴产业，不仅吸引了大量技术型和管理型人才，改善了社会的就业结构，也为普通劳动者创造了新的就业岗位，提供了多样的职业选择和收入机会。这一产业的不断发展将进一步推动社会经济增长，并提高个人的收入水平。

第二章

全面赋能：
低空经济多维发展

第二章
全面赋能：低空经济多维发展

第一节 低空经济的空间布局优化

一、低空经济的区域分布特征

低空经济作为新兴产业，其发展受到区域资源、市场需求、政策支持等多重因素的影响。不同区域的低空经济发展状况存在显著差异，区域内的技术优势、资源配置及政策支持程度，共同塑造了特有的低空经济的分布格局。

（一）低空经济的区域发展存在差异

低空经济在区域分布上受到地理位置、产业基础、市场需求和政策支持诸多因素的制约。不同区域的发展需求、资源禀赋和创新能力，决定着它们在低空经济产业链上的位置和发展速度。有的区域以其强大的技术基础与先进的基础设施建设成为低空经济的主要集聚区，有的区域则依靠当地特色产业与市场需求驱动逐渐在低空经济领域占有一席之地。

区域之间低空经济分布的差异，表现为技术与创新能力的差异。一些高科技密集特别是经济发达地区以其优越的科研资源及高科技企业集群形成较强的技术创新能力。这类区域一般都是低空经济中技术研发与生产的核心区，吸引了大批科技人才与资金涌入，促进了低空经济迅速发展。而部分欠发达地区在技术支撑与基础设施方面会存在不足，造成这些区域低空经济创新与发展相对落后。

经济发展水平对低空经济区域分布亦有直接的影响。发达地区市场需求量大、支付能力强、企业对低空经济投资回报比较高等特点,使其成为低空经济开发热土。这些区域既具有技术创新优势,又以市场需求为动力加快低空经济产业化和规模化发展。与之形成鲜明对比的是经济发展缓慢的区域低空经济市场需求比较少,而政府对于这一行业的支持也比较弱,这就造成了这一区域低空经济发展缓慢。

(二)低空经济区域分布的差异化与其产业集群的形成密切相关

产业集群对低空经济的发展具有资源、技术与市场方面的支撑作用,低空经济区域分布是集群化效应在低空经济中的直接反映。不同地区的企业、科研机构、政府部门及其他各主体以集聚资源、协同创新、市场拓展等方式形成低空经济集群化发展格局,由此带动该地区低空经济高速增长,实现技术突破。

不得不说,产业集群的形成对低空经济的影响非常明显。集群中的企业可以更好地分享技术平台、市场信息和人才资源,从而有效地提高资源配置效率,进而有效推动低空经济高速发展。同样,低空经济在高速发展的过程中,集群内部企业不断通过技术合作和创新促进产业技术突破与提升,进而形成区域技术优势。这一优势部分决定低空经济产业集群化发展格局,该地区企业以共享创新资源产生巨大协同效应加快低空经济市场化应用。

低空经济产业集群的形成不只是依赖区域内企业的聚集,还涉及区域内政策的支持和政府的引导作用,政府一般采取税收优惠、资金扶持和市场准入政策对低空经济集群形成进行必要扶持。低空经济集群化发展有利于促进政策、资金、技术及市场资源集中,以进一步提高区域低空经济市场竞争力。产业集群可以为低空经济搭建共享平台，促进企业从技术、市场以及资源配置上产生合力，进而提高整个产业运作效率，促进区域经济转型升级。

低空经济产业集群在形成过程中，常常与人才集聚相伴而生。技术型人才、管理型人才以及行业专家等的集聚是一定区域内低空经济得以迅速发展的主要基础。产业集群中的企业与科研机构以共同的技术平台与市场网络来吸引人才涌入，构成巨大的创新与服务体系。这些人才共同合作促进低空经济技术创新与市场拓展不断取得突破性进展，进一步提升地区低空经济创新能力与市场吸引力。

我国低空经济的区域分布特征

低空经济近年来在我国得到了快速发展，其区域分布呈现出显著的特征。

一、总体分布态势

从全国范围来看，我国低空经济相关企业主要集中在东部沿海地区以及部分经济较为发达的内陆区域。东部沿海地区凭借其优越的地理位置、发达的经济基础和开放的政策环境，成为低空经济发展的"热土"。例如，广东、浙江、江苏、上海等地，低空经济企业数量众多，产业发展较为成熟。而在中西部地区，虽然低空经济也在逐步兴起，但整体发展水平和企业分布密度与东部地区存在一定差距。不过，一些具有特定优势的城市，如成都、重庆等，在低空经济发展方面也取得了突出的成绩，成为区域发展的亮点。

二、重点区域聚焦

（一）长三角地区

长三角地区以南京、苏州、无锡等城市为代表，积极布局低空经济。苏州明确提出发展通用机场以补强综合交通运输产业链条，抢抓低空经济风口。规划到2026年，建成1~2个通用机场，200个以上垂直起降点，开通100条以上无人机航线等目标。无锡则依托宜兴丁蜀机场、梁溪科技城等地特色园区的先发优势，重点布局eVTOL、无人直升机等产业。此外，安徽芜湖凭借其机器人产业聚集的特色，在低空经济发展中也独具优势。根据相关方案，安徽将打造合肥、芜湖两个低空经济核心城市，与长三角其他城市协同发展，共同构建长三角地区低空经济产业生态。

（二）成渝都市圈

成都和重庆作为成渝都市圈的核心城市，在低空经济领域展现出强劲的发展势头。成都拥有良好的航空产业基础和科研资源，吸引了众多低空经济相关企业入驻。在无人机研发、航空物流等方面发展迅速，不断拓宽低空经济应用场景。重庆则利用其独特的地理优势和产业特色，在低空旅游、应急救援等领域积极探索，推动低空经济与本地产业的深度融合。成渝都市圈通过加强区域合作，整合资源，形成了协同发展的合力，成为我国中西部地区低空经济发展的重要引擎。

第二章
全面赋能：低空经济多维发展

（三）粤港澳大湾区

作为我国经济最具活力的区域之一，粤港澳大湾区在低空经济发展方面表现尤为突出。这里汇聚了大量的科技企业、创新资源和雄厚的资金实力。以深圳为例，其在无人机研发制造领域处于全国乃至全球领先地位。众多高科技企业在此扎根，不断推出具有创新性的无人机产品，广泛应用于物流配送、影视拍摄、测绘巡检等多个领域。广州则在低空产业规划和政策支持方面发力，积极推动低空数字空域和智联网建设，打造低空经济产业高地。珠海依托其航空产业基础，在通用航空制造等方面优势明显。目前，广东已形成广州、深圳、珠海三核联动、多点支撑、成片发展的低空经济产业格局，有力带动了整个大湾区低空经济的繁荣发展。

二、低空经济核心区与辐射区的联动机制

低空经济的发展不仅依赖核心区的技术创新与资源积聚，还需要辐射区的有效支持与联动。产业链内各环节的合作促进了资源、技术、资金等要素在核心区与辐射区之间的流动，推动低空经济的整体扩展和深度融合，核心区与辐射区的联动机制是低空经济空间布局的关键所在。

（一）核心区与辐射区的协同发展机制

低空经济能否迅速发展，在一定程度上取决于核心区的技术优势和创新能力，然而单一的核心区并不能适应低空经济不断发展的需求，因而需要辐射区与其协同发展。低空经济的核心区一般集中了技术研发与资源积累，

辐射区则往往担负市场需求与资源分配等职能。两者的联动既能促进技术与资源的有效流动，又能使市场与政策准确衔接，从而形成全局协同发展。

核心区以高密度企业聚集、研发能力强、资金支持强等优势成为低空经济产业技术创新来源地。集群化优势使核心区在飞行器制造、空域管理和航电设备等低空经济关键技术上快速突破，而辐射区一般在市场拓展、应用场景建设等方面有着更强的优势，通过核心区技术成果辐射及辐射区需求导向，低空经济能够迅速覆盖更为广阔的区域市场并迅速由技术研发向应用转变。

核心区与辐射区的联动机制以资源互补、技术合作和市场共享促进低空经济不同层级和地区协同发展。核心区技术优势与研发实力可支持辐射区市场化应用，辐射区为其提供丰富市场需求与实际应用场景。两者之间的合作既给技术创新带来广阔市场，又给产业链上下游带来稳定合作与发展。

（二）核心区与辐射区的资源共享和信息流动机制

低空经济产业链的复杂性需要不同区域之间形成通畅的资源共享和信息流动，因而构建核心区与辐射区之间高效资源互通、技术合作机制具有重要意义。低空经济的核心区一般技术体系比较完善，创新资源更为丰富，辐射区则是市场需求更广、应用场景更多，两者之间的资源共享和信息流动可以最大限度地利用各自的优势促进低空经济全链条发展。

核心区的技术创新与研发能力可以对辐射区形成有力支持，核心区的企业与科研机构可持续研发并引进创新技术，其技术成果可在辐射区应用中得到实际验证与进一步优化。辐射区内的经济低空应用情景多样，对核心区的技术创新具有重要反馈作用，促进创新技术与市场及实际应用需求接轨，进而加快技术产业化进程。在此进程中，核心区与辐射区之间的信息共享和技术流动对促进技术迭代与产业应用起着举足轻重的作用。

资源共享在核心区与辐射区协同机制中占有重要地位。核心区的研发平台、飞行器制造基地、数据中心和其他资源均可通过合作模式向周边地区辐射;辐射区则可以通过这些资源共享,在推动各个环节技术更新、产业链完善的同时,减少企业投资成本,提高生产效率。这种资源的共享提升了低空经济产业链竞争力,为区域间的经济合作奠定了坚实基础。

信息流动也是实现核心区与辐射区协调发展的关键要素之一。信息共享与数据流动,能使核心区与辐射区企业及时了解市场需求、技术创新与政策动向,并报以迅速响应。信息流的顺畅,能使各个区域可以实时掌握低空经济的发展趋势、市场动态及技术突破情况,减少市场不确定性,提高产业链整体运行效率。区域间的信息共享既为低空经济的创新发展提供必要决策支持,也为各领域企业合作和资源整合提供有力数据支持。

三、低空经济空间布局的优化策略

低空经济空间布局的优化对于产业的可持续发展至关重要。随着市场需求的多样化发展以及技术的不断进步,低空经济的空间布局必须采取灵活、高效的策略。产业链上下游的有序分布、资源的精准配置以及政策的有效引导,为低空经济的空间布局提供了保障。通过优化空间布局,低空经济能够更好地实现区域间协同、技术互补与市场拓展,进一步提升产业的整体竞争力。

(一)低空经济空间布局的资源整合与集聚效应

低空经济的发展需要不断优化资源,实现资源的有效利用和合理分配。低空经济空间布局不仅涉及资源配置,还要兼顾区域间的互补性和协同效应。集群化发展模式不仅能对区域内各种资源形成有效整合和协同,大大地提高了资源配置效率，还有利于低空经济形成技术、资金和人才等诸多优势的空间聚集，能为产业链的优化发展奠定坚实基础。

低空经济空间布局应关注不同区域的资源特征和产业链环节的有机衔接。低空经济产业集群能有效整合相关资源，在某一区域内形成较强产业链，并通过各个环节的合作提高产业链整体竞争力与运行效率。产业集群内可以通过共享技术平台、基础设施和市场渠道，来避免重复建设与无效投资，提高资源利用率。产业集群中的企业既能通过共享设施减少建设及运营成本，又能通过集聚效应营造创新合作氛围，加快技术研发及应用推广。

区域间差异性对于低空经济空间分布有显著影响。不同区域的土地资源、技术基础、资金支持以及市场需求都有所不同，所以对其进行合理的配置与使用非常关键。低空经济空间布局应着眼于最大限度地利用区域资源，把核心技术与创新力量向技术密集和市场潜力较大区域集聚，但对资源型或者市场导向型地区可重视产品生产制造和市场应用。资源在不同区域间的合理配置与互补可以使低空经济总体资源利用效率最大化。

（二）低空经济空间布局的政策引导与发展规划

低空经济空间分布既取决于市场需求及技术创新，又深受政府政策引导和地方政府发展规划的影响。政府政策对低空经济空间布局具有决定性影响。政府通过确定发展目标、落实细化政策措施、构建合理政策体系，可以为低空经济的发展营造良好的空间环境，并促进区域间协调合作。政策的引导既可以实现资源的优化配置，又可以引导资金、技术、人才等要素的流动，从而给低空经济带来源源不断的活力。

政府需要结合低空经济技术要求、市场需求以及区域优势等因素，对低空经济空间布局进行科学谋划。例如，核心区与辐射区的协同发展需要政府在政策制定中充分考虑本地区产业特色和发展潜力，以合理配置资源来引导低空经济空间分布。政策引导的重点还应体现在行业标准的制定、市场准入放宽与产业链协同推进，以政策支持与法规保障带动各地区低空经济同步增长。

同时，低空经济空间布局需要空域管理与基础设施建设的政策扶持。空域管理以及空中交通控制对于低空经济中飞行器的运行都有严格的要求，政府应重视空域资源在低空经济中的合理分配与管理，以保障不同地区低空经济有序开展。基础设施建设也是低空经济空间布局的关键之一，政府可以采取政策支持等方式鼓励地方政府与企业联合投资兴建飞行器起降点和数据中心、飞行测试场地以及其他基础设施，以有力支撑低空经济的发展。

四、产业集群与低空经济空间布局优化

产业集群的形成和发展在推动低空经济空间布局优化方面起到了至关重要的作用。集群化的资源整合能力、技术创新能力以及市场拓展能力，为低空经济的空间扩展和区域布局调整提供了动力，推动了低空经济从局部发展走向全局发展。

产业集群对低空经济的空间布局具有重要影响，其形成既能有效优化资源配置，又能推动低空经济的空间扩张。低空经济产业链中的每一个环节——从飞行器制造、技术研发，到数据传输和空域管理——均对空间布局提出了严格要求，产业集群可以为上述要求提供强有力的支持。产业集群内部的资源集中、技术共享、与市场互联，能使低空经济可以在一定空间范围内实现更加有效的运行与拓展。

低空经济产业集群以产业链的形式深度融合，促进低空经济空间布局多元化发展。企业、科研机构与政府间的合作可以突破地域限制，聚集技

术、人才、资本等各类资源，促进低空经济跨区域发展。在上述集群中，基础设施、政策与技术的融合既能提高产业链运行效率，也为低空经济产业区域性拓展与多样化布局搭建平台。产业集群具有可以动员各种资源、使低空经济各要素向某一地区聚集、形成集约化资源供给，进而促进低空经济迅速演化和发展等优点。

集群内部的协同作用可以进一步促进低空经济空间布局优化。集群内部的技术合作与生产协同，在减少各个环节成本的同时，还增强了资源流动性、提高了市场响应速度。对低空经济来说，产业集群的形成可以推动其核心技术与服务不断地向周边地区拓展，并在空间范围内进行覆盖与延伸。

产业集群空间分布不仅表现为区域内部资源的整合，更表现为其对外辐射的能力。集群中企业技术和服务向周边地区延伸，并通过区域协作和构建市场网络促进低空经济跨区域发展。受集群效应推动，低空经济由最初的局部集聚发展为更为广阔的区域分布，资源空间配置得以优化，市场覆盖面实现扩大，竞争力进一步增强。

总体而言，产业集群在低空经济空间布局中的作用与协同机制可总结如表2-1所示。

表 2-1 产业集群在低空经济空间布局中的作用与协同机制

空间布局因素	作用	协同机制
地理集聚	优化资源配置，提高产业协同效率	产业链上下游紧密合作，减少资源浪费
区域协同发展	促进区域间资源共享，提升整体竞争力	区域内外企业和政府的协作与政策支持
基础设施建设	提供支持产业发展的基础条件，降低物流成本	公共服务平台共享，基础设施联合建设
行业集群扩展	实现跨行业协作，推动产业多元化发展	技术与市场领域的跨界整合与资源协同

第二节 低空经济产业链的融合

一、低空经济产业链的结构

低空经济构成了结合紧密的产业链。产业链上游主要为研发体系、关键原材料、核心零部件和低空保障与综合服务领域，其中，研发包括各种工业软件，原材料主要包括钢材、陶瓷基复合材料、铝合金、碳纤维复合材料等，零部件包括芯片、板卡、电池、电机等；产业链中游主要是低空经济的核心部分，包含机载设备（如摄像机、传感器等）、低空产品（如无人机、航空器、高端装备、配套产品等）、地面系统（遥控监测、系统监控、数据处理等）等低空保障与综合服务；衔接下游主要是空域管理与产业融合应用，如飞行审批、实时监测和"低空经济+物流""低空经济+农业""低空经济+旅游"等低空经济与各种产业的融合。我国低空经济产业链的结构如图2-1所示。

低空经济 乘风而起
产业集群多维赋能区域发展新引擎

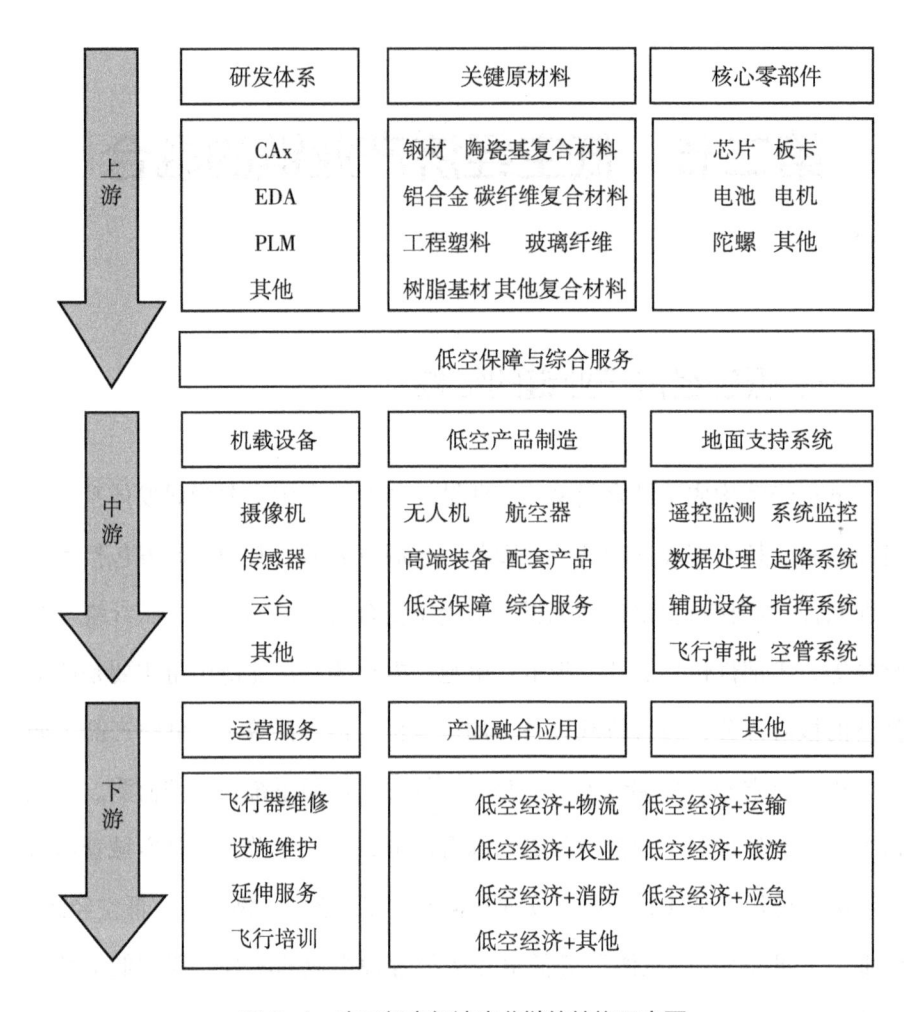

	研发体系	关键原材料	核心零部件
上游	CAx EDA PLM 其他	钢材　陶瓷基复合材料 铝合金　碳纤维复合材料 工程塑料　玻璃纤维 树脂基材　其他复合材料	芯片　板卡 电池　电机 陀螺　其他
	低空保障与综合服务		
	机载设备	低空产品制造	地面支持系统
中游	摄像机 传感器 云台 其他	无人机　航空器 高端装备　配套产品 低空保障　综合服务	遥控监测　系统监控 数据处理　起降系统 辅助设备　指挥系统 飞行审批　空管系统
	运营服务	产业融合应用	其他
下游	飞行器维修 设施维护 延伸服务 飞行培训	低空经济+物流　低空经济+运输 低空经济+农业　低空经济+旅游 低空经济+消防　低空经济+应急 低空经济+其他	

图 2-1　我国低空经济产业链的结构示意图

（一）低空经济产业链上游

低空经济产业链的上游环节构成了其坚实的基础部分，主要由四大部分构成：研发体系、关键原材料、核心零部件以及低空保障与综合服务。

第二章
全面赋能：低空经济多维发展

1. 研发体系

研发体系主要涵盖了计算机辅助技术相关软件（CAx[①]）、电子设计自动化（Electronic Design Automation，EDA）、产品全生命周期管理（Product Lifecycle Management，PLM）等先进技术系统，它们为低空经济领域内产品的创意孵化、设计优化及生产制造提供了不可或缺的技术支撑。

2. 关键原材料

关键原材料涉及钢材、陶瓷基复合材料铝合金、碳纤维复合材料、工程塑料等多种高性能材料，这些原材料的选择与应用直接影响着最终产品的物理性能、耐用度及生产成本。

3. 核心零部件

核心零部件包括但不限于集成芯片、板卡、高效能电池、精密电机、高精度陀螺仪等，它们是组装低空飞行器的核心要素，对于飞行器的稳定性、操控精度及安全性具有决定性影响。

4. 低空保障与综合服务

低空保障与综合服务主要是从政策层面和基础设施建设层面为低空经济的发展提供基础性保障工作。奠定坚实的基础政策支持是促进低空经济科学发展的首要条件。政府应根据低空经济的特点和发展需求，制定科学、合理且具有前瞻性的产业政策，为低空经济的快速发展指明方向。同时，要不断完善基础设施建设，夯实低空经济的基础设施支撑，为整个低空经济产业链奠定坚实的基础。

[①] CAx是对计算机辅助设计（Computer Aided Design，CAD）、计算机辅助工程（Computer Aided Engineering，CAE）、计算机辅助制造（Computer Aided Manufacture，CAM）、计算机辅助工艺计划（Computer Aided Process Planning，CAPP）、计算机辅助教学（Computer Aided Instruction，CAI）等各项技术的综合叫法，因为以上所有技术的缩写都是以"CA"开头，故在其后加以"x"表示多项技术。

（二）低空经济产业链中游

中游作为低空经济产业链的中枢环节，扮演着至关重要的角色，主要由机载设备、低空产品制造和地面支持系统三大板块构成。

1. 机载设备

机载设备是指低空产品承载的相关设备，主要包括摄像机、传感器、云台等。

2. 低空产品制造

低空产品制造则广泛涵盖了从消费级到工业级的无人机、航空器等多种产品的制造，如传统的固定翼飞机以及代表着未来趋势的eVTOL等的研发与制造工作。这些无人机和航空器的创新与发展，不仅推动了低空经济的快速增长，也极大地丰富了低空飞行的应用场景。

3. 地面支持系统

低空飞行经济的发展离不开各项地面支持系统提供的配套保障措施，包括遥控监测、系统监控、数据处理、起降系统、辅助设备、指挥系统等系统的研发、设计、建设、规划与生产。这些地面支持系统的完善，为低空飞行器的安全起降、高效运行以及及时维护提供了坚实的保障。

（三）低空经济产业链下游

下游主要聚焦于运营服务与产业融合应用，即将中游生产的无人机、航空器等产品及服务应用于各个场景中。

1. 运营服务

运营服务主要是为低空经济的各种飞行活动提供服务，如飞行器维修、设施维护、延伸服务及飞行培训课程的开设等。这些服务的完善，不仅提升了低空飞行的安全性和便捷性，也为低空经济的持续健康发展提供了有力的支持。

2. 产业融合应用

产业融合应用主要体现在"低空经济+"的应用场景日益丰富，其中很多场景已经进行了商业化探索，这些应用不仅提高了生产效率，更为人们带来了全新的生活方式和体验。

二、低空经济产业链的技术创新

低空经济产业链的技术创新是促进其融合发展主要的因素之一，产业链上各环节的技术创新互相依存、密切结合，可以共同促进低空经济高速发展。如飞行器制造与控制技术的突破、航电系统的优化与空域管理技术的升级、数据传输和人工智能等技术的发展，这些技术创新环节的协同配合，使低空经济产业链实现全面升级和融合。

飞行器制造与控制技术的突破是低空经济产业链技术创新的表现之一。飞行器的轻量化、高效能、智能化及可靠性是低空经济产业链上最关键的技术要求。飞行器制造商同各科技企业及研发机构开展技术合作促进飞行器在设计、性能及应用等方面不断革新。各种先进材料、动力系统、传感器技术、控制技术等的运用能使飞行器的安全性与适应性显著增强，也给低空经济应用于不同领域带来更多选择。

航电系统的优化与空域管理技术的升级进一步强化了低空经济产业链的融合深度。航电系统是飞行器的核心部分，承担着导航、通信、显示、控制和记录等多种关键任务，航电系统的优化水平对飞行器自动化与智能化程度有着直接的影响。空域管理技术的升级使低空空域管理与调度更有效、更智能。随着无人机和低空飞行器的使用范围不断扩大，飞行器控制技术和空域管理技术已经成为制约行业发展的关键问题之一。这些技术的创新不仅加深了低空经济产业链的融合，也推动了整个行业向规范化和智能化方向发展。

数据传输和人工智能等技术的运用，使低空经济在运营效率、安全性等方面都有显著改善。低空经济依赖高效的数据传输，特别是实时监控、远程操控和飞行数据分析，数据传输技术创新已成为促进低空经济产业链发展的关键因素之一。人工智能和大数据等技术的融合，则使飞行器在复杂环境中自主决策成为可能，能有效提高全产业链智能化程度。数据传输和人工智能技术的发展为低空经济产业链应用场景拓展提供有力支撑，促进产业链在技术创新上不断升级。

三、低空经济产业链的协同发展

低空经济产业链上的发展和融合依赖各环节的高效协同。飞行器制造、航电系统优化、空域管理技术升级、数据传输技术运用等诸多环节，只有以技术创新为基础深度融合与协作，才能够促进全产业链快速成长。

低空经济产业链的协同发展，在给产业链带来较高生产效率及市场适应性的同时，也给低空经济的可持续发展打下坚实的基础。伴随着科技的持续突破与产业链融合的不断深化，低空经济必将在更多的领域显示出巨大潜力与广阔市场前景。

四、产业集群促进低空经济产业链融合发展

产业集群在低空经济的发展中起到了促进产业链融合的关键作用。产业集群不仅推动了集群内的资源配置，优化了产业链上中下游的协作，还

第二章
全面赋能：低空经济多维发展

推动了技术创新、供应链协同以及市场拓展协调等多个方面的提升，进而加速了低空经济产业链的融合与完善。具体参见表2-2。

表2-2 产业集群促进低空经济产业链融合发展的作用与协同机制

融合发展因素	作用	协同机制
产业链上中下游协作	提高生产效率，优化资源配置	信息共享、技术合作、资源整合
技术协同创新	加速技术突破与应用转化，提升竞争力	企业与科研机构的联合研发与技术共享
供应链协同	降低成本，提高供应链响应速度	上游供应商与下游需求方紧密合作
市场协同拓展	提高市场占有率，加快市场渗透	跨企业市场联动，联合推广

产业赋能 千亿汽车集群"裂变"低空新赛道[①]

低空经济作为新兴战略产业，是新质生产力的典型代表，具有巨大发展潜力。据中国民用航空局预测，2025年我国低空经济的市场规模将达到1.5万亿元，到2035年有望达到3.5万亿元。广州市番禺区依托千亿级汽车产业集群，发展低空经济有得天独厚的

---

① 番禺区以全产业链生态构建低空经济高地[EB/OL].（2025-04-18）.https://www.gz.gov.cn/ysgz/xwdt/ysdt/content/post_10225520.html.

低空经济　乘风而起
产业集群多维赋能区域发展新引擎

先天优势。

番禺建立了电池、电机、电控"三电"齐全的智能网联与新能源汽车产业链，形成了汽车整车75万辆/年的产能规模。除了拥有自主品牌广汽埃安、广汽传祺之外，近年来，电池龙头企业、连接器龙头企业、汽车软件龙头企业等也纷纷落户番禺，融入智能网联与新能源汽车产业链，全区现有汽车产业"四上企业"① 226家。

汽车产业在冲压、焊接、总装等精密制造领域的成熟工艺，可为电动垂直起降飞行器的机身结构、动力系统等核心部件生产提供标准化制造范式。尤其是新能源汽车在轻量化材料应用、空气动力学设计方面的技术积淀，可直接赋能飞行器研发。此外，番禺汽车产业构建的"一小时产业圈"供应链体系，已形成涵盖动力电池、电机电控、智能座舱等核心模块的供应商网络，通过模块化改造可快速适配飞行器专用供应链需求。同时，番禺汽车工厂的工业4.0技术成果，正通过"智造+智核"双轮驱动战略向航空制造领域延伸。

这种产业协同效应正在催生"汽车基因"的航空新物种。广汽集团发布飞行汽车品牌——GOVY高域，并首发首款复合翼飞行汽车GOVY AirJet。小鹏汇天自主研发的"陆地航母"飞行汽车完成全球首次公开载人飞行。

在番禺区还活跃着专注无人机技术研发、生产及定制化解决方案的高科技企业，共同构建"乔灌木林"共生繁荣的产业生态。

---

① "四上企业"具体包括规模以上工业企业，有资质的建筑业企业、房地产开发经营企业，限额以上批发、零售、住宿和餐饮企业（含个体经营户），规模以上服务业企业。"四上企业"是我国统计工作中对现阶段达到一定规模、资质或限额的法人单位的一种习惯性叫法，是及时、准确反映地方经济社会发展状况的基础，是各级党委、政府宏观决策的重要依据和首要服务对象。

第三节　低空经济创新生态体系的构建

一、低空经济的创新主体

低空经济的创新生态体系涉及各类创新主体的积极互动与协作。在这一体系中，飞行产品制造企业、高校和科研机构、政策制定者和市场需求方等各方共同构建了一个多元化的创新平台，推动低空经济产业的技术进步、市场拓展以及全球竞争力的提升。

飞行产品制造企业在低空经济创新生态体系中扮演者重要的角色。这些企业积极参与低空安全防控、飞行服务保障、飞行产品生产制造和低空飞行应用等领域的创新，研发、创新产品，为低空经济的"飞得起、管得住、发展好"提供了强力支撑。同时，这些企业的创新业务涵盖巡查巡检、物流运输、应急救援等多个领域，为新技术、新产品和新业态提供应用场景支撑。

高校和科研机构是低空经济创新生态体系中至关重要的一环，是技术创新发展的重要理论支撑与基础研究所在。高校和科研机构在参与前沿技术研究和开发的同时，通过与产业界的密切合作，把最新科研成果转化成具有可操作性的应用技术，促进低空经济在现实中的运用。高校和科研机构与企业的密切合作，形成产学研相结合的创新格局，该格局加快低空经济核心技术突破和产业化进程，通过构建创新平台，科研机构可以与企业分享资源，技术及数据等信息，从而为低空经济技术创新及市场拓展等提供有力支撑。

智核聚能 大湾区"最强大脑"激活创新生态圈[①]

为什么低空经济企业都青睐广州大学城？这里有12所高校、近20万师生、1200家科创企业，213个市级以上实验室与科研平台，累计建成国家级科技企业孵化器4个、国家级众创空间4个、港澳创新创业平台2个以及高校双创基地12个，是大湾区人才最密集、创新最富集的人才城、创新城、产业城。

"2025年大学城创新再提速，全国高校区域技术转移转化中心（粤港澳大湾区）陆空一体化智能出行分中心落户广州大学城，推动低空经济新质生产力加速成长。"广州大学城管委会常务副主任表示，随着东部航空的落户，双方共建商务、文旅、应急等示范场景，打造湾区30分钟快速出行网络，"大学城低空经济有场景、有技术、有平台，正开拓全新的未来产业空间。"

政策制定者主要负责制定相关政策法规、进行产业规划、提供基础设施支持以及监管安全事务。首先，政策制定者需要制定一系列的政策法

---

① 番禺区以全产业链生态构建低空经济高地 [EB/OL].（2025-04-18）.https://www.gz.gov.cn/ysgz/xwdt/ysdt/content/post_10225520.html.

第二章
全面赋能：低空经济多维发展

规，为低空经济的发展提供法律保障。这些法规包括但不限于低空飞行管理规则、空域使用规定、飞行器制造与运营标准等。通过建立健全法律体系，政策制定者能够确保低空经济在合法合规的框架内稳健、创新发展，同时保护公众的安全与利益。其次，政策制定者需要根据国家发展战略和市场需求，对低空经济进行长远规划，明确发展目标、重点任务和实施路径。例如，政策制定者可以规划建设低空飞行示范区，推动低空旅游、物流运输等产业的创新发展，以点带面，促进整个低空经济产业的升级。再次，提供基础设施支持是政策制定者在低空经济创新发展中的工作要点之一。这包括建设和完善低空飞行所需的各类设施，如起降点、导航系统、通信设备等。政策制定者还需要投入资源，进行技术研发和人才培养，以提升低空经济的整体竞争力。通过这些基础设施的建设，政策制定者能为低空经济的蓬勃发展提供坚实的物质基础。最后，监管安全事务是政策制定者在低空经济创新生态体系中必须把控的要点。政策制定者必须建立严格的监管机制，确保低空经济的发展和创新都在安全可控的范围内操作。同时，政策制定者还需要建立应急响应体系，以应对可能发生的各类事故或意外，最大限度地减少损失、降低风险。

市场需求方在一定程度上催生了低空经济创新生态体系的构建，它从市场需求的角度对低空经济的发展和创新提出了要求。低空经济各创新主体应坚持统筹兼顾、分类施策，聚焦不同场景业态的市场准入、事中事后监管和消费者权益保护等需求，以飞行制造企业的资格和能力建设为重点，以保障安全运行和提高服务质量为导向，完善市场监管政策，引导培育低空经济应用场景，激发市场活力，规范市场秩序，构建良好的低空经济创新生态。

二、低空经济创新主体之间的协同创新机制

低空经济的发展和创新并不单纯取决于单一主体的技术突破，还需各创新主体协同创新。构建协同创新机制可以充分调动各主体的创新资源，以提高低空经济整体创新能力。低空经济创新生态体系上各个创新主体既要依靠技术研发与市场推广，又要通过跨领域跨行业合作优化配置各方优势资源，促进技术快速创新和成果转化、增强产业链整体竞争力。

协同创新机制的关键是不同创新主体之间的信息共享和资源整合。飞行产品制造企业根据市场需求和政策导向制造各类低空经济所需产品；高校和科研机构利用产学研相结合等多种方式，将科研理论成果转化为产业技术，实现理论向实际应用的有效转换；政策制定者则为低空经济的发展和创新提供各类政策支持；市场需求方一方面作为需求提出者向整个低空经济产业链提出实际需求；另一方面作为产品使用者，检验着最终产品的使用效果，并为飞行产品制造企业、高校和科研机构提供反馈意见，共同助力低空经济产业的进步。

产业集群是低空经济创新生态中的重要媒介，对促进创新主体协同创新发挥着关键作用。集群中的各类企业、高校和科研机构与政策制定者之间通过技术平台、资源与信息共享，减少研发投入成本，提高研发效率。产业集群还可以推动不同创新主体的深度合作，突破技术与市场壁垒，在技术创新、市场开拓和资金投入上实现资源共享，增强产业链整体创新能力。

三、低空经济创新成果的转化与应用

低空经济的创新成果转化是产业化进程中的关键步骤。技术的突破与创新只有在实际应用中得到充分体现，才能够为产业发展提供持续动力。低空经济通过高效的技术转化与应用，实现了技术与市场的有机结合，推动了产业链的完善和市场规模的扩展。随着创新成果的不断落地，低空经济的行业前景逐渐明朗，产业逐步形成了完整的技术应用体系。

（一）低空经济创新成果的转化过程

低空经济创新成果的转化涉及诸多环节，技术成熟和产业化过程是互补的。尽管低空经济已经在多个领域取得了突破性进展，但要将这些技术成果有效转化为市场化产品，仍需经过严格的验证和不断的技术迭代。在飞行器设计、空域管理、数据传输和导航系统技术方面，创新成果转化既需要较高科研水平的支撑，也需要跨行业合作推动，进而保证相关技术在众多产业中得到实际、安全的运用。

低空经济要实现创新技术转化，技术突破应能满足产业应用需要。例如，在飞行器制造领域中，虽然已有很多创新，如轻量化设计和电动推进系统，但其技术商业化应用仍然面临着很大挑战。创新技术要实现有效转化，就必须与当前产业标准、生产流程、市场需求等相衔接。所以，相应技术在由实验室的研究走向市场应用时，其可行性与适应性有待持续验证。企业、高校、科研机构及政策制定者之间的密切合作有助于技术成果以最快速度落地，同时适应市场及行业标准要求。

在技术转化的过程中，验证和标准化又是关键一环。低空经济中的核心技术主要有飞行控制、自动化操作、无人驾驶技术以及传感器系统技术等,其成功运用需达到严格的安全可靠性标准。在飞行器制造及空域管理技术领域,各项试验和检测也是保证技术能高效地转化成产品所必需的环节,每项技术都需进行严格的验证及调试,以保证其实际运行时稳定可靠。产业标准的制定及推广有利于技术的推广应用,其中,行业协会及政府部门可对技术转化给予重要政策支持及监管框架以保障技术创新成果的成功落地。

(二)低空经济创新成果的市场应用与产业化

低空经济的创新成果在市场上的运用是实现技术转化的终极目标。技术创新成果不仅要通过检验,还要能在广阔的市场上被人们接受,并产生实际效益。创新成果的市场应用也与其产业化过程紧密相关,必须以行业标准制定、市场需求驱动和产业链协同为支撑才能在实践中实现。

以低空经济中的飞行器为例,飞行器的产业化应用一是要注重技术的先进性、稳定性和安全性;二是要符合市场需求,规范化发展。这一过程不仅涉及行器的生产与经营,也涉及空域管理、数据传输、监测服务、物流配送等诸多领域。伴随着低空飞行器技术的不断发展和进步,它的应用场景已经逐步延伸至物流、交通、农业、旅游和消防等多个行业领域。在这一进程中,市场需求的多样性和技术创新成果相匹配非常关键。技术创新企业必须准确地掌握市场需求,促进技术成果和市场应用无缝衔接,要不断地对产品和技术进行新的调研与定位。

四、低空经济创新生态体系的持续优化

低空经济创新生态系统不仅要符合当前的技术需求和市场发展,还需要不断优化和调整,以适应日益复杂的产业需求和快速变化的全球环境。

第二章
全面赋能：低空经济多维发展

低空经济创新生态体系内各方力量的协同合作、技术驱动的不断增强和资源的高效配置，为体系的持续优化提供了坚实的基础，共同推动低空经济在快速发展的道路上稳步前行。

（一）低空经济创新生态体系的技术驱动

要实现低空经济创新生态体系的持续优化，必须依靠各类技术的驱动。低空经济的核心环节离不开各类技术的支撑，各类技术的不断突破与持续革新给产业带来源源不断的生机。这些技术的进步也不仅表现为某个单一环节的升级，更重要的是整个产业链的协同创新。低空经济的发展要求各个环节之间进行技术的深度整合，需要创新生态体系的主体从资源、技术、资本等多个层面和内容进行高效协作，以促进低空经济技术水平持续跃升。

例如，飞行器的技术创新并不局限于飞行器的硬件部分，智能化飞行控制、自动化操作、数据分析和云计算技术等也渐渐成为推动产业发展的关键技术。飞行器制造企业除了完善飞行器的动力系统，提高飞行的安全性及智能化水平外，还需与数据处理及空域管理企业密切协作，保证技术创新高效融合及无缝对接。飞行器的自主飞行技术、通信系统以及人工智能技术的革新在提高产品竞争力的同时，也促进了全产业链技术升级，全面提升创新能力，通过产业链内部各环节间技术协作逐渐形成低空经济创新生态体系，推动产业升级优化。

创新是否具有持续性，在一定程度上取决于各创新主体之间能否协同合作。在低空经济产业链上，创新主体须以产业需求为中心，密切协作，持续推进技术突破和市场扩张。科研机构、企业及政府通过多方合作能够实现最新技术成果及行业信息共享，加速技术转化及产业化进程。在技术突破过程中，企业之间既需要依托创新人才与技术平台，又需要通过集群化合作进行资源整合，实现创新效率最大化。产业集群环境中技术创新与成果转化可以获得更有效的支撑和推动，进而加快低空经济创新生态体系优化进程。

（二）低空经济创新生态体系的资源整合与市场拓展

低空经济创新生态体系的持续优化，同样需要资源的高效整合和市场需求的深度衔接。

低空经济涉及的数据和资源非常庞杂，如飞行器制造企业不仅需要整合联合航空管理机构以及数据服务公司的各项资源，也需要集群化合作及跨行业协同来实现共享平台及资源的使用，从而提高创新的效率和效益。

在低空经济产业链各个环节上，市场需求的拉动作用不可忽视。现在，低空经济的应用场景渐趋丰富，如物流运输、城市交通、农业领域、环境监测等，市场需求的多样化给技术创新带来动力来源。多元化的市场需求不仅促进了飞行器的设计技术、空域管理制度等的不断革新，也带来更多的、全新的市场机遇，给技术创新企业带来了更为广阔的市场。同时，市场的扩展能使技术成果可以更快地转化到实际应用中去，从而进一步促进低空经济的快速发展。

五、产业集群促进低空经济创新生态体系的形成

产业集群在低空经济创新生态体系的形成和发展过程中起到重要的推动作用。产业集群不仅优化了资源配置，还为低空经济的技术突破、市场拓展及产业升级提供了支撑，促进了低空经济创新生态体系的形成。

产业集群可以为低空经济创新生态体系搭建技术交流和合作的平台。集群中各类企业与科研机构的紧密合作不仅推动了各种技术的有效交流和

第二章
全面赋能：低空经济多维发展

快速转化，而且强化了技术研发与市场应用的联系，通过集群内资源共享与技术合作可以使低空经济创新生态体系的创新技术更快实现由理论到实践的转化，加快新产品、新技术上市速度，并提高其市场接受程度。集群内部企业的合作研发、共享实验平台与装备，可以减少重复投入与技术研发的盲目性，进而节约研发成本，加快技术进步。生态体系内不同企业之间通过技术合作和成果共享等方式，可以促进整体技术水平提高和创新门槛降低，加快低空经济全产业链融合。

在产业集群中，技术研发与市场需求可以紧密地结合起来，从而形成一个创新的良性循环。集群中的企业和研发机构可以通过分享市场信息对市场需求作出迅速且准确的反应，促进技术创新与产品升级。而且研发技术上的持续突破也能够给市场带来更加丰富和前沿的解决方案，来进一步刺激市场消费需求以达到技术和市场双向驱动。

产业集群对低空经济创新生态体系形成的促进作用和协同机制可总结为表2-3。

表2-3 产业集群对低空经济创新生态体系形成的促进作用和协同机制

创新生态因素	促进作用	协同机制
技术创新	加速技术研发和应用转化，提升产业竞争力	企业与科研机构的合作研发和技术共享
知识共享	增强创新能力，推动产业整体技术进步	企业之间的知识流动与技术转移
资源整合	优化资源配置，提高研发效率	企业、政府和学术机构的协同合作
创新平台建设	为技术孵化和成果转化提供支持	共享创新平台和联合孵化机制

第四节 低空经济推动产业跨界融合

随着科学技术的进步和市场需求的变化,低空经济不仅实现了相关技术的快速发展,而且逐渐突破产业界限,与其他领域形成跨界融合之势。这一过程不仅提高了低空经济产业链的效率,还促使相关行业的结构调整和创新生态的形成。

一、低空经济与传统产业的跨界融合

低空经济的迅猛发展不仅表现为低空产品飞行制造技术、自动化操控技术、空域管理等方面的革新,更通过跨界融合促进传统产业创新发展。

(一)"低空经济+物流"

低空物流作为低空经济与物流融合发展的重要应用场景之一,对于激活低空经济活力、丰富低空经济业态、提供高效公共服务、改变生产生活方式、满足人民日益增长的美好生活需要具有重要意义。同时,低空物流作为新兴的物流模式,对于构建现代物流体系、促进我国现代物流高质量发展发挥了重要作用。

据中国物流与采购联合会航空物流分会不完全统计,2024年,我国新开低空物流航线近50条。目前,城市开通低空物流主要以末线物流为主,

第二章
全面赋能：低空经济多维发展

城市内航线占比达到新开航线总量的90%，跨省、市航线仅占10%。在运送货物方面，无人机和低空运送涵盖了快递物流、医疗物资、餐饮外卖、农副产品等多种类型。北京、上海、深圳、成都等多个城市共开通了近20条快递、外卖运输航线，用于快递末端配送以及运输零售、餐饮、医疗物品等即时消费商品，为消费者提供更加便利的服务。

作为低空经济与物流行业深度融合的创新模式，低空物流正通过无人机等先进技术重塑物流运输格局，在提高物流效率、降低成本、优化服务质量方面展现出显著优势。低空物流在政策和市场等多重因素驱动下，迎来发展的时代机遇。统计数据显示，截至2023年年底，国内注册无人机126.7万架，同比增长32.2%。2024年上半年，我国新注册无人机超60万架，无人机总数较上年年底增长48%。无人机累计飞行981.6万小时，较上年同期增加13.4万小时。无人机配送作为新兴、高效且现代化的运输模式，不断加快在物流业渗透进程，逐步改变着物流格局。

同时，随着消费者对即时配送和个性化物流服务需求的不断增长，消费者"即需即买即得"的新消费需求，正在成为助推低空物流发展重要动能。国家邮政局监测数据显示，2024年上半年全国快递业务量超800亿件，同比增长23.1%；2023年即时配送行业订单量超过420亿单。截至2024年6月，美团无人机已开通31条配送航线，覆盖社区、商圈、景区和写字楼等多场景，累计完成订单超过30万单。低空物流以其快速响应和高效率的优势，有效满足人民日益增长的美好生活需要，在急难危险、快递物流与即时配送等领域的应用实践取得新进展。

低空物流的发展，将人们的生活空间从二维拓展到了三维，极大地挖掘低空经济的价值，促进了城市物流提质降本增效。相信随着对低空物流领域应用价值的挖掘与认知程度的加深，低空物流会逐渐向更长航程、更大载荷、更宽领域方向发展，亟须制定更加完善的标准与规范，发挥技术优势，更好地帮助低空物流突破瓶颈，实现低空物流的飞速发展。未来，低空物流模式的推广将成为降低全社会物流成本，促进物流行业高质量发展的重要动力[①]。

（二）"低空经济+农业"

低空经济作为依托低空空域资源蓬勃兴起的新兴经济形态，正与农业领域深度融合，有力地推动着传统农业朝着智能化、高效化、绿色化的方向大步迈进。

低空经济中的先进科技应用于农业生产，使传统农业的生产方式发生了转变，尤其是在植保、施肥、喷洒农药等方面，利用低空飞行器不仅可以提高作业效率，还能有效降低人力成本及环境污染。低空经济在农业领域的应用场景主要体现在以下几个方面。

1. 农业播种

利用无人机进行水稻、油菜等作物的播种作业，不仅提高了播种效率，也降低了农民的劳动强度。有种植户表示，在春耕备耕期，各类农用无人机助力农业生产更加省时、省力。以往人工播种时，一天只能撒四五十亩。现在无人机一天撒四五百亩很轻松，而且均匀度更好，播种出来后产量也提高了。

2. 农田测绘与监测

利用无人机进行农田测绘，可以生成高精度地图，为精准农业提供基础数据；利用无人机搭载多光谱传感器，能够实时监测农作物长势、病虫害情况等，为农业生产提供决策支持。

---

① 崔忠付. 把握时代脉搏 低空物流发展正当其时[EB/OL]. （2024-10-25）[2025-03-12]. https://www.xd56b.com/home/dkjj/2024/1025/42123.html.

3. 精准植保

利用无人机进行农药、化肥的精准喷洒，不仅能够提高作业效率，还能减少农药使用量，降低环境污染。

4. 农产品运输

利用无人机进行山区或偏远地区农产品的运输，解决农产品运输"最后一公里"难题。而且运输效率更高，也能更好地保证农产品的新鲜度。

5. 农村治理

利用无人机可以加大在农村人居环境整治、农村宅基地管理中的巡查力度等，利用"空中力量"加大巡查范围，结合人工巡查取证，形成"空中看，地面管"的双巡查机制，提高巡查效率和治理效率。同时，有效加强环境卫生整治，这样不仅可以实时了解农村的真实情况，还可以有效保障村民的生命财产安全，动员村民积极参与环境卫生整治，增强村民环保和主人翁意识，打好农村人居环境整治攻坚战，助力建设文明生态宜居乡村。

（三）"低空经济+旅游"

随着消费者对旅游体验的要求不断提升，"低空经济+旅游"呈现多元化发展趋势。当下，低空经济紧紧抓住"旅游"这一增长引擎，全力推动低空经济与旅游、体育等领域深度融合、协同发展，打造出一系列令人耳目一新的旅游产品和服务模式，为消费者带来独特的旅游体验。

2024年以来，全国已有多个景区、度假区率先引入低空旅游产品，利用低空飞行器，如直升机、热气球等为游客提供空中观光服务。此外，结合现代科技与传统艺术打造的低空文旅表演，如无人机灯光秀和空中特技飞行表演，正在成为各大旅游目的地的新宠。

低空经济还催生了滑翔、跳伞、热气球比赛等低空体育项目，为游客带来了别样的体验。这些体育活动不仅具有很高的观赏性，同时也让游客亲身感受低空飞行的速度与激情，满足了游客对冒险、刺激等旅游体验的需求。同时，低空技术为景区带来了多样化服务，如无人机运输与配送、空中摄影摄像等特色服务，提高了景区的二次消费率和复游率，带动了景区周边的商业活动和消费活力。

无论是在直升机上俯瞰壮美山川，抑或是在热气球上品味田园风光，还是在滑翔伞运动中挑战自我，一系列低空旅游项目不断丰富着旅游的形式和内容，拓展着旅游的边界和深度，有效促进了地方经济的发展。

在业界看来，"低空经济+旅游"极大地丰富了旅游产品的种类与层次，不仅为旅游目的地打造了独特的旅游品牌和形象，还显著提升了旅游目的地的知名度与美誉度。低空飞行表演、低空体育赛事的开展往往能够吸引大众关注，从而大幅提高旅游目的地的曝光度，吸引更多游客前来观光和体验。低空文旅项目与地面文旅活动相结合，共同构建起连贯且多元的旅游体验。从低空观光、低空体育等空中项目，到地面的餐饮、住宿、购物等配套服务，有效延长了游客在旅游目的地的停留时长，同样带动了当地相关产业的发展。

低空经济对旅游业的创新意义在于它能够激活和带动新型消费需求。通过低空旅游，可以丰富旅游产品的种类和形式，提高旅游资源的利用效率。低空经济对旅游业发展的推动作用主要体现在促进旅游业向立体化、多元化发展。通过低空飞行活动，可以拓宽旅游活动的空间和时间范围，提供更多元化的旅游体验。此外，低空经济的发展还能够带动相关产业的发展，形成完整的产业链，进一步推动旅游业的发展。

总而言之，低空经济与传统产业的深度融合，绝非简单的技术叠加，而是一场涉及传统产业重塑的深刻变革。在政策引导、技术突破以及模式创新的共同作用下,"低空经济+"的发展模式正从理论设想逐步走进生动实践。展望未来,随着空域进一步开放、人才队伍不断壮大以及基础设施持续完善,低空经济必将深度挖掘传统产业发展潜能,为我国高质量发展书写更加辉煌的篇章。

二、低空经济与新兴产业的跨界融合

低空经济与产业的跨界融合并不局限于传统产业,与新兴产业的融合发展一样给低空经济的创新发展带来巨大潜能。

人工智能技术、物联网技术和大数据技术等新一代信息技术与低空经济的融合,带来了更多的应用场景,也促使各种创新产品及服务层出不穷,促进了低空经济产业链的进一步融合和市场的拓展,增强低空经济产业整体竞争力。

人工智能技术的引入,为低空经济注入了强大的创新动力。飞行器智能化控制、自动化飞行以及实时数据处理都离不开人工智能技术作为支撑。飞行器可以使用人工智能算法根据环境变化作出自主决策、路径规划以及避障操作等,大大地提高了飞行器智能化程度。智能化飞行既增强低空经济对复杂环境的适应能力,又促进了低空经济广泛运用于物流、农业和城市管理,使低空经济产业链可以更有效和灵活地响应市场需求变化。

物联网技术融入低空经济促进智能化管理及数据传输飞速发展。飞行器和地面设施以及管理平台实时数据传输与共享,使低空经济的运行更有效率。物联网技术提供低空经济综合数据采集、传输与分析能力,使飞行器在完成任务过程中对环境数据的实时采集与调整成为可能。物联网技术可以实时监测飞行器状态、方位等信息,保障飞行安全,并提高运营效

低空经济　乘风而起
产业集群多维赋能区域发展新引擎

率。低空经济与物联网技术的融合应用，在推动技术创新的同时也给市场带来了更加智能化的解决方式。

2025年3月，国内首个全国性的覆盖全产业链的低空经济产业数据库与低空经济产业大数据平台——"低空宝"正式推出，进入公众视野。"低空宝"的低空经济产业数据库与低空经济产业大数据平台精准解决行业痛点，作为低空经济国家战略实施的战略支点与全产业链协同发展的核心动能，通过数字技术赋能与生态化组织重构，打造驱动产业能级跃升的中枢引擎，构建以空天数据资产化为特征的新型生产力发展范本。

第三章

助力高飞：
低空经济政策环境支撑

第三章
助力高飞：低空经济政策环境支撑

2010年以来，国家为推动低空经济发展先后颁布了一系列政策法规。从2021年2月首次将"低空经济"概念写入国家规划，到2023年12月正式将低空经济定位为战略性新兴产业，从国家层面鼓励推动低空经济发展。

第一节　低空经济的政策体系

一、政策引导下的低空经济发展

政策引导是低空经济发展的重要力量，政策的支持为低空经济的创新、应用和市场推广提供了稳定的发展框架。政府通过制定相关政策法规、提供资金支持、优化产业环境等措施，推动低空经济实现技术突破、产业化进程及市场的迅速发展。合理的政策引导，不仅能促进低空经济的技术创新，还推动了各行业的协同发展，进一步提升了低空经济的整体竞争力。

（一）政府政策在低空经济发展中的角色与影响

低空经济要迅速发展，离不开政府的政策指导和扶持。政策的出台和落实为产业发展提供必要的法律框架与市场准入机制，保障了低空经济的安全、合规、科学发展。政府通过建立行业法规，既规范飞行器的制造和经营，又确保低空经济可持续发展并使之对产业链各环节进行有效支撑和指导。在低空经济政策体系下，技术创新、市场应用与社会效益兼顾是政策设计的重要取向，有利于政府积极引导并推动低空经济由技术研发向市场推广成功转型。

政策支持有利于减少技术创新风险和促进技术成果转化。在低空经济中，飞行器制造、空域管理和数据处理方面要取得突破性进展，都在一定程度上依赖政策的支持和保障。政府可以采取资金补贴和税收优惠的方式激励企业增加研发投入，以推动技术快速发展。政策的导向也能从技术标准和认证体系上支撑低空经济创新，有利于企业更快实现技术成果向市场应用的转变。为保证低空经济能健康、快速地发展，政府在制定政策时需综合考虑不同技术成熟度、市场需求等因素，以保证技术创新与产业化进程有序进行。

在低空经济的发展进程中，空域管理问题非常关键，而政策对于空域管理规范性设计就显得格外重要。政府对空域资源进行合理规划与管理，既能保障低空飞行的安全，又为低空经济的长远发展提供强大支撑。在低空经济中，飞行器在日常飞行过程中空域资源是否得到合理配置，会直接影响飞行效率与运营成本。政府采取科学的空域管理政策，合理划分空域资源，采用飞行限制等措施规避飞行器间的运行冲突，能有效促进低空飞行安全，给企业提供稳定空域资源和降低飞行器运行的不确定性。

合理的政策导向有助于快速形成产业规范，促进低空经济产业链各个环节运行效率的提高，确保产业持续有序发展。

（二）低空经济发展政策的优化与创新

在低空经济飞速发展的背景下，政府政策要及时优化和创新以满足产业的技术进步与市场需求变化。优化政策不仅要规范产业发展，更需要积极促进产业创新和跨界合作。在低空经济高速发展进程中，我国政府应结合产业发展动态与技术进展情况，对政策体系进行持续调整与完善，从而

第三章
助力高飞：低空经济政策环境支撑

保证低空经济在合规框架内实现最大创新空间。

政策创新需要重视低空经济技术需求与市场环境，以及政策与措施的弹性调整。例如，飞行器技术更新换代较快，政府需要结合技术发展的实际制定前瞻性政策。如政府可针对新兴飞行器技术的不断涌现，适时更新飞行器认证标准及运营规则，以保证政策跟上行业技术的进步。在这一动态调节机制中，低空经济技术发展和政策保障可以保持密切联系，促进低空经济向着更高、更新的方向发展。

市场准入与行业监管也是低空经济政策创新一个主要方面。在低空经济不断发展的背景下，市场竞争越来越激烈，这就要求政府采取政策措施来保障产业有序竞争与良性发展。政策应严格把好市场准入条件、产业链分工、飞行器制造商技术能力和飞行操作规范关，保证企业在合法合规的框架内经营。政策上的创新应该侧重于提供更多的市场激励，以吸引更多的创新型企业加入低空经济领域来促进技术突破与市场创新。政府也需加大产业监管力度，避免产业乱象及技术滥用等问题，以保证低空经济在合规可持续环境中高速发展。

在低空经济政策体系层面，我国基本形成了从中央到地方的多层级政策体系，具体内容聚焦低空飞行保障体系建设、低空制造业发展、低空飞行应用场景拓展、低空科技创新能力提升和低空经济保障措施等。

二、国家层面的政策体系

发展低空经济是中央作出的重大战略部署。2021年2月，中共中央、国务院印发的《国家综合立体交通网规划纲要》，首次将"低空经济"概念写入国家规划，标志其正式上升为国家战略。2023年12月，中央经济

低空经济　乘风而起
产业集群多维赋能区域发展新引擎

工作会议把低空经济列入战略性新兴产业，2025年政府工作报告明确提出"推动低空经济安全健康发展"，党的二十届三中全会也对其发展提出了明确要求。这一系列顶层设计，为低空经济发展搭建起政策框架，指引产业集群围绕政策方向布局，助力低空经济供应链建设。

表3-1列示了我国近年来颁布的部分低空经济相关政策[①]。

表3-1　我国近年来颁布的部分低空经济相关政策

序号	时间	发布单位	文件/会议名称	主要内容
1	2024年3月	工业和信息化部、科学技术部、财政部、中国民用航空局	通用航空装备创新应用实施方案（2024—2030年）	包括增强产业技术创新能力、提升产业链供应链竞争力、深化重点领域示范应用、推动基础支撑体系建设、构建高效融合产业生态等重点任务
2	2024年3月		第十四届全国人民代表大会第二次会议	积极打造生物制造、商业航天、低空经济等新增长引擎
3	2023年12月		中央经济工作会议	打造生物制造、商业航天、低空经济等若干战略性新兴产业
4	2023年11月	国家空中交通管理委员会	中华人民共和国空域管理条例（征求意见稿）	明确提出空域用户定义并提出空域用户的权利、义务规范

---

① 智成高科研究所. 重磅! 国家及地方低空经济相关政策汇总 [EB/OL]. (2024-09-26). https://mp.weixin.qq.com/s?__biz=MzU2MzQ1Mjg2Mg==&mid=2247500048&idx=1&sn=5f73a8bcea13bec35c80180fac466e71&chksm=fc588fc1cb2f06d7050348b6d4e52dc0517b684fefb2a94d7efa6a2729837579ecb21720327b&scene=27.

第三章
助力高飞：低空经济政策环境支撑

续表

序号	时间	发布单位	文件/会议名称	主要内容
5	2023年10月	中国民用航空局	民用无人驾驶航空器系统物流运行通用要求 第1部分：海岛场景	规定了应用于海岛场景从事物流的民用无人驾驶航空器系统运行的通用要求
6	2023年5月	国务院、中央军委	无人驾驶航空器飞行管理暂行条例	从生产制造、登记注册、运行管理等全生命周期对无人机飞行活动进行了规范，包括民用无人驾驶航空器及操控员管理、空域和飞行活动管理、监督管理和应急处置等内容
7	2022年12月	中国民用航空局	民用无人驾驶航空器系统适航审定管理程序	指导和规范中型与大型民用无人驾驶航空器系统的设计批准、生产批准和适航批准有关活动
8	2022年11月	工业和信息化部	民用无人驾驶航空器产品安全要求	强制性规定了民用无人机驾驶航空器产品的安全要求
9	2022年6月	中国民用航空局	"十四五"通用航空发展专项规划	从通用航空服务领域多元、特点各异出发，按照"五纵两横"组织框架，明确重点任务
10	2022年1月	农业农村部、国家发展和改革委员会、科学技术部、工业和信息化部等	"十四五"全国农药产业发展规划	明确提出要推广高效施药器械，重点推广植保无人机等，逐步淘汰背负式手动喷雾机、担架式喷枪等

续表

序号	时间	发布单位	文件/会议名称	主要内容
11	2021年12月	中国民用航空局、国家发展和改革委员会、交通运输部	"十四五"民用航空发展规划	包括构建一流的民航安全体系、建设一流的基础设施体系、发展一流的航空服务体系、健全生态友好的绿色发展体系、构筑坚实有力的战略支撑体系、打造现代化民航治理体系等内容
12	2021年2月	中共中央、国务院	国家综合立体交通网规划纲要	包括优化国家综合立体交通布局、推进综合交通统筹融合发展、推进综合交通高质量发展等重点内容。这是首次将"低空经济"概念写入国家规划,标志其正式上升为国家战略
13	2020年8月	工业和信息化部	民用无人机无线电管理暂行办法	对民用无人机无线电频率、台(站)管理和无线电发射设备管理制定了标准,并提出了使用要求和监督管理办法
14	2020年5月	中国民用航空局	民用无人驾驶航空试验基地(试验区)建设工作指引	强调了试验基地(试验区)建设的目的意义、建设原则、基本条件、布局选址和目标定位、重点任务、建设程序、保障措施
15	2020年3月	工业和信息化部	民用无人驾驶航空器生产管理若干规定	用于规范民用无人驾驶航空器生产活动,促进民用无人驾驶航空器产业健康有序发展,维护航空安全、公共安全、国家安全,根据《无人驾驶航空器飞行管理暂行条例》以及相关法律、行政法规所制定的管理规定

第三章
助力高飞：低空经济政策环境支撑

续表

序号	时间	发布单位	文件/会议名称	主要内容
16	2019年11月	中国民用航空局	轻小型民用无人机飞行动态数据管理规定	从事轻、小型民用无人机及植保无人机飞行活动的单位、个人应当通过无人驾驶航空器空中交通管理信息服务系统（Unmanned Aircraft System Traffic Management Information Service System，UTMISS）线上数据收发接口实时报送飞行动态数据
17	2019年5月	中国民用航空局空管行业管理办公室	促进民用无人驾驶航空发展的指导意见（征求意见稿）	包括加强无人驾驶航空运行顶层设计、建立并完善法规标准体系、统筹开展试点示范运行、推进运行管理平台建设、加强无人驾驶航空运行安全管理、建立健全管理模式。建立基于胜任力的人员资质管理体系、建立基于运行风险的无人机适航管理体系、加强宣传引导、加强关键技术研究与应用、加强科研创新和人才培养、加强国际交流合作等重点内容
18	2018年9月	中国民用航空局	低空飞行服务保障体系建设总体方案	包括低空飞行服务保障体系的布局和功能定位、加强低空飞行服务保障能力建设、低空飞行服务保障体系的运行管理等重点内容

续表

序号	时间	发布单位	文件/会议名称	主要内容
19	2016年5月	国务院办公厅	关于促进通用航空业发展的指导意见	包括培育通用航空市场、加快通用机场建设、促进产业转型升级、扩大低空空域开放、强化全程安全监管等内容
20	2010年8月	国务院、中央军委	关于深化我国低空空域管理改革的意见	提出深化低空空域管理改革的主要任务和措施，包括分类划设低空空域、加快推进深化低空空域管理改革试点、构建低空空域法规标准体系、建立高效便捷安全的运行管理机制、加强低空空域管理配套设施建设、完善通用航空服务保障体系、建立健全飞行人员培训机制、加强低空空域飞行安全监控和管理、建立低空空域管理评估监督机制等

三、地方层面的政策体系

为积极贯彻落实国家战略，众多地方政府将"低空经济"写入政府工作报告，出台多项政策措施以推动低空经济的发展。例如，北京、广东、安徽、四川、湖南、江西、江苏、陕西、重庆、云南、海南、山东、河南、山西、内蒙古、辽宁、福建等17个省（自治区、直辖市）将"低空经济"写入政府工作报告，上海、天津、河北、贵州、黑龙江、吉林、甘肃、青海、西藏、新疆10个省（自治区、直辖市）的政府工作报告也涉及了低空经济的相关内容。

第三章
助力高飞：低空经济政策环境支撑

表3-2列示了部分地方政府颁布的低空经济相关政策。

表 3-2 部分地方政府颁布的低空经济相关政策

序号	地区	时间	文件名称	主要内容
1	北京市	2024年5月	北京市促进低空经济产业高质量发展行动方案（2024—2027年）（征求意见稿）	提出持续加强低空经济技术创新引领、巩固低空制造全产业链竞争力、构建监管及运行服务技术支撑体系、打造全国低空飞行应用创新示范、优化低空基础设施、形成低空安防反制全国标杆六大方面重点任务
2	上海市	2024年8月	上海市低空经济产业高质量发展行动方案（2024—2027年）	从领军企业培育、关键配套供给、软硬设施建设、空间载体打造、管理服务提升、商业场景推广等六大方面支持低空经济产业发展
3	广东省	2024年5月	广东省推动低空经济高质量发展行动方案（2024—2026年）	从加快推进低空空域管理改革、适度超前布局低空基础设施、积极拓宽低空应用场景、提升低空产业创新能力、打造低空产业制造高地、推动支撑体系建设六大方面推动低空经济高质量发展
4	浙江省	2024年8月	浙江省人民政府关于高水平建设民航强省打造低空经济发展高地的若干意见	包括关键指标表、行动方案、保障政策措施等内容，从统筹推进低空新基建、积极拓宽低空应用场景、优化低空经济发展生态、实施低空产业补链强链、积极开展低空经济试点等方面，打造低空经济发展高地
5	江苏省	2024年9月	关于加快推动低空经济高质量发展的实施意见	提出了推动低空空域管理改革、加快低空基础设施建设、增强低空产业创新能力、打造低空制造产业高地、积极拓宽低空飞行应用场景、提升综合服务保障能力等重点任务

续表

序号	地区	时间	文件名称	主要内容
6	山东省	2024年7月	山东省通用航空装备创新应用实施方案（2024—2030年）	提出抢抓低空经济产业密集创新和高速增长的战略机遇，打造通用航空装备创新发展新动能
7	山东省	2024年4月	山东省低空经济高质量发展三年行动方案（2024—2026年）	提出实施服务保障筑基行动、实施技术创新赋能行动、实施应用场景拓展行动、实施产业能级跃升行动等四大重点任务
8	安徽省	2024年4月	安徽省加快培育发展低空经济实施方案（2024—2027年）及若干措施	提出统筹共建低空智联基础设施、增强低空科技创新引领、推进低空制造业集群化发展、应用牵引低空服务业发展、提高低空飞行保障水平、营造低空经济发展生态等主要任务
9	湖南省	2024年6月	关于支持全省低空经济高质量发展的若干政策措施	从12个方面发力，培育低空经济成为战略性新兴产业，包括加大传统通航运营补贴、加大新型航空器运营支持力度、拓宽应用场景、支持新质生产力发展、加强技术创新、积极招引低空企业、促进产业集聚、完善基础设施、支持低空监视系统建设、扩大公共服务和生产应用、加大金融支持力度、会聚低空经济专业人才等
10	江西省	2024年8月	江西省关于促进低空经济高质量发展的意见（征求意见稿）	提出提高低空制造水平、培育开发低空应用场景、建设低空智联基础设施、完善低空服务供给、强化创新驱动支撑、优化低空经济发展生态等六大方面重点任务
11	黑龙江省	2024年7月	黑龙江省加快推动低空经济发展实施方案（2024—2027年）	指出低空经济已经成为培育发展新动能、加快发展新质生产力的重要方向，要充分发挥黑龙江省发展低空经济的比较优势，采取有力举措，集聚优势资源，积极抢占低空经济发展新赛道，努力打造经济增长新引擎，为因地制宜发展新质生产力提供有力保障等

第三章
助力高飞：低空经济政策环境支撑

续表

序号	地区	时间	文件名称	主要内容
12	湖北省	2024年7月	湖北省加快低空经济高质量发展行动方案（2024—2027年）	提出加快建设低空基础设施"四网"、大力发展低空制造产业、大力培育"低空+"经济新业态、积极营造低空经济发展良好生态等四项重点任务
13	河南省	2024年7月	河南省人民政府办公厅关于印发促进全省低空经济高质量发展实施方案（2024—2027年）的通知	提出培育壮大低空消费市场、加快低空产业发展、完善基础设施网络体系、建立健全低空空域管理机制、加强人才培养和交流合作、完善标准政策、营造良好发展环境等重点任务
14	陕西省	2024年7月	推动低空制造产业高质量发展工作方案（2024—2027年）	提出5类15条具体措施：一是推动低空制造产业升级，包括持续提升重点产业链建设、加大低空制造项目支持服务、锚定智能化融合化服务化不动摇；二是抓好低空制造企业培育，包括支持头部企业做大做强、不断壮大企业体量规模、精准培育细分领域"小而美"企业；三是加速低空制造技术攻关，包括加快新型低空装备产品创新、推动关键核心技术产业化、强化企业创新主体地位；四是加快低空制造产业承载，包括推动低空制造特色产业聚集发展、强化低空应用场景牵引、培育低空制造生态圈；五是强化低空制造要素支撑，包括强化无线电频谱资源统筹优化、促进行业内外合作交流、加大低空产业融资支持

续表

序号	地区	时间	文件名称	主要内容
15	四川省	2024年6月	四川省人民政府办公厅关于促进低空经济发展的指导意见	提出培育壮大低空飞行应用市场、提高低空空域使用效率、加快低空基础设施建设、推动通航制造业发展等重点任务
16	内蒙古自治区	2024年6月	内蒙古自治区低空经济高质量发展实施方案（2024—2027年）（征求意见稿）	提出加快低空空域改革、统筹建设基础设施、构建协同保障网络、开发开放应用场景、发展低空经济制造业、提升创新发展能力、加快产业集聚示范、强化服务配套保障八项主要任务
17	西藏自治区	2024年6月	西藏自治区支持低空经济高质量发展的若干政策（征求意见稿）	提出设立低空经济发展专项资金、支持通用机场基础设施建设、支持低空飞行服务保障体系建设、鼓励通用机场管理运营、鼓励开通区内短途运输航线、鼓励开展低空物流、鼓励拓宽通航应用场景、畅通低空经济企业融资渠道、鼓励低空经济企业落户西藏、支持低空经济科技创新、支持低空经济集群发展、打造高品质通航小镇、大力开展职业教育及人才培养、支持交流推广活动等十四个方面措施
18	河北省	2024年5月	关于加快推动河北省低空制造业高质量发展的若干措施	提出了5个方面15项具体措施：一是强化创新引领，增强产业竞争能力；二是强化企业培育，推动产业融通发展；三是强化产业配套，构建完整产业链条；四是强化试点示范，打造融合产业生态；五是强化统筹保障，巩固产业发展支撑
19	山西省	2024年5月	山西省加快低空经济发展和通航示范省建设若干措施	提出5方面21条措施支持低空经济发展，深化国家通用航空业示范省建设：一是大力拓宽通航应用场景，构建通航公共服务网络；二是加快通航基础设施建设，提升运营服务保障能力；三是提高通航研发制造水平，强化创新平台驱动效能；四是激发通航消费市场活力，营造浓郁通航文化氛围；五是加大通航人才培育力度，夯实通航产业发展基础

第二节 低空经济的法律法规与标准体系

在低空经济法律层面，我国已经形成了以《中华人民共和国民用航空法》为核心，以通用航空领域和无人驾驶航空器领域的各项法规规章及规范性文件为主线的规范体系。

一、法律法规体系架构

（一）《中华人民共和国民用航空法》

《中华人民共和国民用航空法》旨在维护国家的领空主权和民用航空权利，保障民用航空活动安全、有序进行，保护民用航空活动当事人各方的合法权益，促进民用航空事业高质量发展。

现行民用航空法由第八届全国人民代表大会常务委员会第十六次会议1995年10月30日经审议通过，自1996年3月1日实施，此后曾6次修改过部分条款。2025年3月8日，《2025年全国人民代表大会常务委员会工作报告》提出，将围绕健全社会主义市场经济法律制度，修改民用航空法。

（二）《通用航空飞行管制条例》与相关法规

2003年，国务院和中央军事委员会颁布的《通用航空飞行管制条例》，作为通用航空领域专门法规，对飞行空域的划设与使用、飞行活动的管理、飞行保障、升放和系留气球的规定、法律责任等关键环节作出明确规定，为通用航空活动开展奠定了法律基础。

此后，交通运输部于2020年修订颁布《通用航空经营许可管理规定》，2022年颁布《通用航空安全保卫规则》，从经营许可与安全保卫角度完善了通用航空法律体系。中国民用航空局也围绕通用航空短途运输运营服务、空中交通管理、飞行任务审批、通用机场管理和适航审定等事项，制定了10余部规范性文件，进一步细化行业管理要求。地方层面，江苏、重庆、湖南、四川等地陆续出台民用航空条例，对通用机场建设、低空空域划设与使用、飞行服务、安全监管等进行规范，结合本地实际情况对通用航空活动加以调整。

（三）《中华人民共和国飞行基本规则》

《中华人民共和国飞行基本规则》是为了维护国家领空主权，规范中华人民共和国境内的飞行活动，保障飞行活动安全有秩序地进行，制定的规则。凡辖有航空器的单位、个人和与飞行有关的人员及其飞行活动，必须遵守该规则。

《中华人民共和国飞行基本规则》于2000年7月24日国务院、中央军事委员会令第288号公布，自2001年8月1日零时起施行。2007年10月18日，根据《国务院、中央军委关于修改〈中华人民共和国飞行基本规则〉的决定》第二次修订，自2007年11月22日起施行。

（四）《无人驾驶航空器飞行管理暂行条例》

在无人驾驶航空器领域，2023年国务院和中央军事委员会颁布的《无人驾驶航空器飞行管理暂行条例》成为专门性法规，明确了无人机生产、销售、使用等各环节管理要求。

第三章
助力高飞：低空经济政策环境支撑

（五）《民用无人驾驶航空器运行安全管理规则》

为推动《无人驾驶航空器飞行管理暂行条例》的落实，交通运输部于2024年1月出台《民用无人驾驶航空器运行安全管理规则》，中国民用航空局颁布20多部规范性文件及行业标准，对无人机运行涉及的飞行安全、空域使用、人员资质等问题进行全面规定。多个省（自治区、直辖市）也颁布针对无人驾驶航空器的管理办法，对辖区内无人机飞行活动进行管理，从国家到地方形成了较为完善的无人机管理法规体系。

（六）关于低空经济的部分法律法规列示

表3-3列示了我国关于低空经济的部分法律法规。

表3-3 我国关于低空经济的部分法律法规

序号	文件名称	发布单位	发布时间	效力级别
1	中华人民共和国民用航空法	全国人大常委会	1995年10月	法律
2	通用航空飞行管制条例	国务院、中央军委	2003年1月	行政法规
3	中华人民共和国民用航空器适航管理条例	国务院	1987年5月	行政法规
4	中华人民共和国飞行基本规则	国务院、中央军委	2007年10月	行政法规
5	中华人民共和国民用航空安全保卫条例	国务院	2011年1月	行政法规
6	中华人民共和国民用航空器国籍登记条例	国务院	2020年11月	行政法规
7	无人驾驶航空器飞行管理暂行条例	国务院、中央军委	2023年5月	行政法规
8	民用航空使用空域办法	中国民用航空局	2004年5月	部门规章

续表

序号	文件名称	发布单位	发布时间	效力级别
9	民用无人驾驶航空器系统空中交通管理办法	中国民用航空局	2016年9月	部门规章
10	民用无人驾驶航空器实名制登记管理规定	中国民用航空局	2017年5月	部门规章
11	民用无人驾驶航空器经营性飞行活动管理办法（暂行）	中国民用航空局	2018年6月	部门规章
12	通用航空经营许可管理规定	交通运输部	2020年8月	部门规章
13	一般运行和飞行规则	交通运输部	2022年1月	部门规章
14	民用航空空中交通管理规则	交通运输部	2022年1月	部门规章
15	通用航空安全保卫规则	交通运输部	2022年4月	部门规章
16	民用无人驾驶航空器生产管理若干规定	工业和信息化部	2023年12月	部门规章
17	民用无人驾驶航空器运行安全管理规则	交通运输部	2024年1月	部门规章
18	民用航空产品和零部件合格审定规定	交通运输部	2024年2月	部门规章
19	通用机场管理规定	交通运输部	2024年11月	部门规章

除表3-3中所列之外，另有众多地方政府出台了规范性文件（见表3-4），国家层面也有多项立法和国家标准制定工作正在推进。例如，2025年1月26日，中国民用航空局就《民用机场无人驾驶航空器探测系统通用技术要求》征求意见；2月7日，发布《民用无人驾驶航空器事件信息管理办法（征求意见稿）》；2月12日，发布强制性国家标准《民用无人驾驶航空器系统运行识别规范（征求意见稿）》等。

第三章
助力高飞：低空经济政策环境支撑

表 3-4　我国地方政府关于低空经济的部分法规

序号	文件名称	发布单位	发布时间
1	江苏省民用航空条例	江苏省人大常委会	2017 年 1 月
2	重庆市民用航空条例	重庆市人大常委会	2018 年 11 月
3	浙江省无人驾驶航空器公共安全管理规定	浙江省人大常委会	2019 年 3 月
4	四川省民用无人驾驶航空器安全管理暂行规定	四川省人民政府	2017 年 8 月
5	新疆维吾尔自治区民用无人驾驶航空器安全管理规定	新疆维吾尔自治区人民政府	2018 年 5 月
6	四川省通用航空条例	四川省人大常委会	2022 年 7 月
7	湖南省无人驾驶航空器公共安全管理暂行办法	湖南省人民政府	2022 年 12 月
8	无锡市民用无人驾驶航空器管理办法	无锡市人民政府	2017 年 7 月
9	深圳市民用微轻型无人机管理暂行办法	深圳市人民政府	2019 年 1 月
10	厦门市民用无人驾驶航空器公共安全管理办法	厦门市人民政府	2019 年 11 月
11	泸州市机场净空及电磁环境保护管理办法	泸州市人民政府	2019 年 12 月
12	三亚市促进低空旅游发展暂行办法	三亚市人民政府	2023 年 7 月
13	重庆市民用无人驾驶航空器公共安全管理办法	重庆市人民政府	2023 年 12 月
14	深圳经济特区低空经济产业促进条例	深圳市人大常委会	2023 年 12 月
15	珠海经济特区低空交通建设管理条例	珠海市人大常委会	2024 年 11 月
16	广州市低空经济发展条例	广州市人大常委会	2025 年 1 月

二、标准体系架构

标准体系建设在低空经济发展中同样至关重要。从全国范围看，随着低空经济产业规模不断扩大，对统一、规范标准的需求越发迫切。在飞行器制造方面，需要制定统一的产品质量、性能、安全标准，确保不同企业生产的产品符合行业通行要求，便于在供应链中流通与配套。例如，无人机电池续航能力、飞行稳定性等关键性能指标，需要明确标准，既保障产品质量，也为下游应用场景提供可靠选择。在基础设施建设领域，通用机场、无人机起降平台的建设标准也在逐步完善，包括场地选址、建设规模、配套设施等方面，确保基础设施能够满足各类低空飞行器运行需求，提升供应链上游资源供给与中游生产制造环节的适配性。

（一）《国家空域基础分类方法》

2023年12月21日，中国民用航空局国家空管委（以下简称国家空管委）组织制定了《国家空域基础分类方法》，主要为了充分利用国家空域资源，规范空域划设和管理使用。依据航空器飞行规则和性能要求、空域环境、空管服务内容等要素，将空域划分为A、B、C、D、E、G、W共7类，其中，A、B、C、D、E类为管制空域，G、W类为非管制空域。G类空域为真高300米以下空域，W类空域为真高120米以下区域，而低空经济的助理eVTOL、轻小型无人机、通用航空有了合法的低空空域。非管制区域的管理相对宽松，由飞行员本人负责飞行安全，低空经济发展有望进入快车道。

1. A类空域

（1）划设地域及范围：通常为标准气压高度6000米（含）至标准气

第三章
助力高飞：低空经济政策环境支撑

压高度20000米（含）。

（2）服务内容：为所有飞行提供空中交通管制服务，并配备间隔。

（3）飞行要求：①通常仅允许仪表飞行；②航空器和空中交通管理部门之间必须保持持续双向无线电通信；③航空器必须安装二次雷达应答机（同等性能的监视设备）；④飞行计划经过审批，航空器进入前须获得空中交通管理部门许可；⑤航空器驾驶员应具备仪表飞行能力及相应资质。

2. B类空域

（1）划设地域及范围：划设在民用运输机场上空。

① 民用三跑道（含）以上机场，通常划设半径20千米、40千米、60千米的3环阶梯结构，高度分别为跑道道面—机场标高900米（含）、机场标高900米—机场标高1800米（含）、机场标高1800米—标准气压高度6000米。② 民用双跑道机场，通常划设半径15千米、30千米的2环阶梯结构，高度分别为跑道道面—机场标高600米（含）、机场标高600米—机场标高3600米（含），顶层最高至A类空域下限。③ 民用单跑道机场，通常划设半径12千米、跑道道面—机场标高600米（含）的单环结构。

（2）服务内容：为所有飞行提供空中交通管制服务，并配备间隔。

（3）飞行要求：①允许仪表和目视飞行；②航空器和空中交通管理部门之间必须保持持续双向无线电通信；③航空器必须安装二次雷达应答机（同等性能的监视设备）；④飞行计划经过审批，航空器进入前须获得空中交通管理部门许可；⑤航空器驾驶员应具备仪表或目视飞行能力及相应资质。

3. C类空域

（1）划设地域及范围：划设在建有塔台的通用航空机场上空，通常为半径5千米、跑道道面—机场标高600米（含）的单环结构。

（2）服务内容：为所有飞行提供空中交通管制服务。为仪表和仪表、仪表和目视飞行之间配备间隔；为目视和目视飞行之间提供交通信息，并根据要求提供交通避让建议。

（3）飞行要求：①允许仪表和目视飞行；②平均海平面高度3000米以下，目视飞行指示空速不大于450千米/小时；③航空器和空中交通管理部门之间必须保持持续双向无线电通信；④航空器必须安装二次雷达应答机或其他可被监视的设备；⑤飞行计划经过审批，航空器进入前须获得空中交通管理部门许可；⑥航空器驾驶员应具备仪表或目视飞行能力及相应资质。

4. D或E类空域

（1）划设地域及范围：①标准气压高度高于20000米为D类空域；②A、B、C、G类空域以外，可根据运行需求和安全要求选择划设为D或E类空域。

（2）服务内容。

D类空域：为所有飞行提供空中交通管制服务。为仪表和仪表飞行之间配备间隔，为仪表飞行提供关于目视飞行的交通信息，并根据要求提供交通避让建议；为目视飞行提供关于仪表和目视飞行的交通信息，并根据要求提供交通避让建议。

E类空域：仅为仪表飞行提供空中交通管制服务。为仪表和仪表飞行之间配备间隔，为仪表飞行尽可能提供关于目视飞行的交通信息；为目视飞行尽可能提供关于仪表和目视飞行的交通信息。

（3）共性飞行要求：①允许仪表和目视飞行；②平均海平面高度3000米以下，指示空速不大于450千米/小时；③航空器在平均海平面高度3000米以上飞行必须安装二次雷达应答机（同等性能的监视设备），平均

第三章
助力高飞：低空经济政策环境支撑

海平面高度低于3000米安装其他可被监视的设备；④必须报备飞行计划；⑤航空器驾驶员应具备仪表或目视飞行能力及相应资质。

（4）特殊飞行要求。

D类空域：仪表、目视飞行的航空器进入前均须获得空中交通管理部门许可，并保持持续双向无线电通信。

E类空域：①仪表飞行的航空器进入前须获得空中交通管理部门许可，并保持持续双向无线电通信；②目视飞行的航空器不需要空中交通管理部门许可，但进入前必须报告，并在规定通信频率上保持守听。

5. G类空域

（1）划设地域及范围：①B、C类空域以外真高300米以下空域（W类空域除外）；②平均海平面高度低于6000米、对民航公共运输飞行无影响的空域。

（2）服务内容：仅提供飞行信息服务，不提供空中交通管制服务。

（3）飞行要求：①允许仪表和目视飞行；②平均海平面高度3000米以下，指示空速不大于450千米/小时；③仪表飞行的航空器和空中交通管理部门之间必须保持持续双向无线电通信，目视飞行在规定通信频率上保持守听；④航空器必须安装或携带可被监视的设备；⑤必须报备飞行计划；⑥航空器驾驶员应具备仪表或目视飞行能力及相应资质。

6. W类空域

（1）划设地域及范围：G类空域内真高120米以下的部分空域。

（2）飞行要求：①微型、轻型、小型无人驾驶航空器飞行；②飞行过程中应当广播式自动发送识别信息；③小型无人驾驶航空器操控员取得操控员执照。

国家空域基础分类示意如图3-1所示。

低空经济 乘风而起
产业集群多维赋能区域发展新引擎

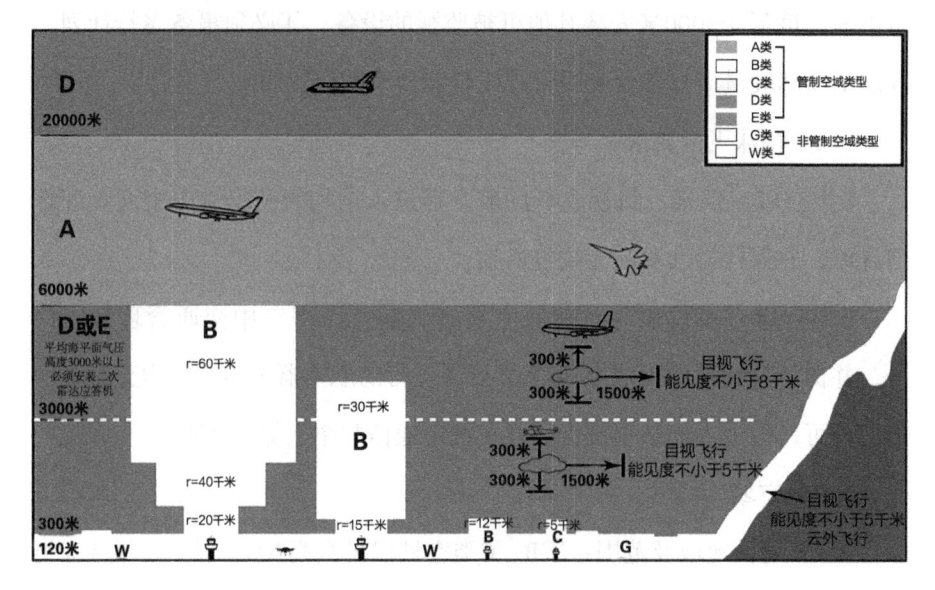

图3-1 国家空域基础分类示意

行业支持政策密集落地，低空经济迎发展东风[①]

国家空管委组织制定的《国家空域基础分类方法》新增真高300米以下的G类空域和真高120米以下的W类空域，为eVTOL、轻小型无人机、通用航空等提供了合法飞行空间。

2024年11月，国家宣布在合肥、杭州、深圳、苏州、成都、重庆等6城开展eVTOL试点，并授权地方政府管理600米以下空域，简化审批流程。这使产业集群内相关企业在飞行测试、业务拓展等方面有了更广阔的空间，减少了空域限制对供应链上游研发、中游生产制造以及下游服务推广的阻碍。

---

① 杨敬梅，刘小龙，侯立森.经济产业研究报告：行业支持政策密集落地，低空经济迎发展东风[EB/OL].（2025-04-02）. https://baijiahao.baidu.com/s?id=1828278039929220000&wfr=spider&for=pc.

第三章
助力高飞：低空经济政策环境支撑

四川、湖南、江西、安徽等地试点开放空域，低空经济发展提速。

四川：2017年12月，国家空管委批复四川成为全国首个低空空域试点开放区域，2018年12月，四川在成都平原划定了"四点、三片、一通道"的首批试点空域，该空域为非管制空域，通航用户不需要申请，符合准入条件的均可使用。2019年及2023年陆续扩大开放空域范围，基本实现成都与眉山、自贡、乐山、内江、资阳等城市之间的互联互通，入驻基地的无人机企业达133家。

湖南：2020年12月获批成为全国首个全域低空开放试点省份，截至2023年9月，湖南省内已建成14个通用机场，9个运输机场开通了通航功能，还有61个通用机场场址获得核准待下一步建设，5000多个直升机起降点已经核定，力争到2025年基本建成"1+13+N"通用机场网。

江西：2020年9月获批低空空域改革试点省，2024年2月，第四次获批开放空域，较2023年增长61.5%，基本覆盖了全省主要城市、景区及相关重点区域，进一步拓展和优化了我省低空空域和航线。

安徽：2021年8月获批空域试点省，2024年《安徽省低空空域航线划设方案》顺利获批，低空航线较2023年新增3条。本次获批的21个低空空域、18条低空航线，临时空域、航线涉及安徽合肥、芜湖、亳州、宣城、黄山、六安等多地，临时起降点涵盖安徽合肥骆岗、合肥滨湖湿地森林公园等多处旅游风景区。2023年，安徽省低空经济规模突破400亿元，集聚通航控股集团、中电科钻石飞机、亿航智能、应流航空等企业300余家，初步形成以合肥、芜湖市为双核，安庆、六安、宣城等多点支撑的产业格局，构建了覆盖通用飞机、无人机、电动垂直起降飞行器（eVTOL）整机制造、发动机、航电系统、部件材料、运营服务的产业链条。

（二）《深圳市低空经济标准体系建设指南（V1.0）》

2024年12月25日，深圳市市场监督管理局和深圳市交通运输局联合发布《深圳市低空经济标准体系建设指南（V1.0）》，为低空经济标准体系构建提供了重要示范。该指南聚焦行业管理现状、产业结构特性及各参与要素特点，划分基础与通用、制造与准入、低空飞行物理基础设施、信息基础设施、空域管理、飞行服务、场景应用、配套与保障八个一级子体系，旨在推动低空经济链上产业融合，延展应用服务。这一体系作为深圳市低空经济标准化工作顶层设计，对未来一段时期标准化政策制度建设、标准制定修订、标准国际化活动、标准实施及支撑保障工作进行系统布局，为统筹低空经济各板块标准工作提供重要依据。

作为新领域、新赛道，低空经济标准化领域空白较多。《深圳市低空经济标准体系建设指南（V1.0）》发布会上提出，标准先行既是深圳推动低空经济高质量发展的重要战略，也是深圳建设低空经济总部研发中心、高端智造中心、全场景示范验证中心、一站式解决方案供给中心的重要基础。

2023年，深圳市就提出要加快健全规则标准，探索建立健全低空领域基础标准、技术标准、管理标准、行业标准体系，为企业创新发展提供有力保障。2024年，深圳组建了全国首个市级标准化技术委员会，启动建议一批低空经济领域地方标准，为低空标准建设奠定了坚实基础。

未来，随着低空经济标准体系1.0等一系列低空标准的发布并持续迭代升级，深圳将致力构建层次分明、结构合理的低空标准体系，为低空经济的参与者提供指导。

深圳市作为全国低空经济发展的领跑城市，先后颁布《深圳市支持低空经济高质量发展的若干措施》和《深圳经济特区低空经济产业促进条例》，两者相互配合形成了低空经济政策法律高度协同的"深圳经验"，也为我国其他地方发展低空经济提供了良好借鉴。

为保障低空经济长期可持续发展，需要在低空经济政策法律领域实现政策与法律层面的协调、中央与地方层面的协调。

三、法律法规与标准体系对低空经济产业集群的影响

完善的法律法规与标准体系，为低空经济产业集群内企业营造了公平竞争、规范有序的市场环境。例如，在无人机产业集群中，严格的适航认证与生产标准，促使零部件供应商和整机制造商提升产品品质，确保产品符合安全标准后进入市场，提升供应链整体竞争力。企业在统一法规标准约束下，能够更清晰地把握市场需求与自身发展方向，加大研发投入力度，推动技术创新，如在提升无人机抗干扰能力、优化飞行控制系统等方面进行研发，从而带动整个供应链技术水平提高。

对于低空经济全链条管理而言，法律法规与标准体系的完善保障了各环节顺畅衔接。在产品流通环节，统一标准使产品检验、认证流程更加规范高效，降低交易成本，提高供应链效率。在服务提供环节，明确的服务标准与安全规范，有助于企业提高服务质量，增强客户信任度。例如，在低空旅游服务中，飞行安全标准、服务流程标准的制定，保障了游客体验与安全，促进低空旅游市场健康发展，完善供应链下游环节。同时，法律

法规与标准体系增强了产业集群应对外部风险能力，当面临市场监管政策调整等风险时，企业能够依据现有法规标准及时调整经营策略，保障供应链稳定运行。

第四章

腾飞之翼：
低空经济科技赋能

第四章
腾飞之翼：低空经济科技赋能

第一节　低空经济的核心技术

低空经济的快速发展是一系列核心技术的支撑与驱动，它们共同构建起低空经济发展的坚实基础，引领着低空经济领域不断向前迈进[①]。

一、飞行器设计制造技术

飞行器设计制造技术主要是指运用现代科学技术，对飞行器进行设计、制造、测试、维护和改进的一系列技术活动。设计制造出性能卓越、适配低空任务的飞行器是低空经济发展的基石。飞行器设计制造技术涵盖了多个方面，包括空气动力学、材料科学、结构设计等，这些技术的综合应用，决定了飞行器的性能和质量。

首先，在飞行器设计阶段，工程师们会运用计算机辅助设计（CAD）、计算机辅助工程（CAE）等技术，进行飞行器的总体设计、结构设计、系统设计等，主要包括为飞行器选择合适的材料、确定结构形式、设计飞行控制系统等。其次，制造阶段主要是将设计转化为实际产品的过程。这包括材料加工，如金属的锻造、切割、焊接、涂装等；装配，

---

① 我在财神庙里当保安. 低空经济的核心技术大揭秘 [EB/OL]. （2025-03-16）[2025-04-02]. https://baijiahao.baidu.com/s?id=1826743932057413763&wfr=spider&for=pc.

低空经济 乘风而起
产业集群多维赋能区域发展新引擎

将各个零部件组装成完整的飞行器；测试，对飞行器的各个系统进行测试，确保其性能符合设计要求。再次，在制造完成后，需要对飞行器进行地面和飞行测试，以验证其性能、可靠性和安全性。同时，飞行器在使用过程中需要定期进行维护和维修，以确保其持续安全、可靠地运行。最后，随着技术进步和市场需求的变化，还需要不断地改进和创新相关技术，以提高飞行器的性能、降低成本、提高安全性等。

依据空气动力学原理优化外形结构是飞行器设计与制造的关键环节。通过对飞行器的机翼形状、机身外形等进行精心设计，使其在飞行过程中能够产生良好的升力，减少空气阻力，提高飞行效率。

采用新型材料实现轻量化与高强度结合也是飞行器设计制造技术的重要发展方向。传统的金属材料在满足飞行器强度要求的同时，往往重量较大，会影响飞行器的续航能力和载荷能力。而碳纤维、钛合金等新型材料具有强度高、重量轻、耐腐蚀等优点，逐渐成为飞行器制造的首选材料。

就当前来说，我国的飞行器设计制造技术已相对成熟，能够设计出性能卓越、适配低空任务的飞行器，新型材料（如碳纤维等复合材料）的广泛应用也使飞行器更加轻量化、高强度。随着3D打印技术、智能制造等技术的不断发展，飞行器设计制造技术将更加高效、精准。新型飞行器（如电动垂直起降飞行器、超声速飞行器等）将逐渐涌现，为低空经济注入新的活力。

在实际应用中，不同类型的低空飞行器根据其任务需求，在设计制造上各有侧重。飞行器设计制造技术的不断进步，能够推动低空飞行器性能的不断提升，使其能够更好地适应各种复杂的低空飞行环境和任务需求。它也为低空经济的多元化发展提供了坚实的物质基础，促进了低空经济在各个领域的广泛应用和发展。

二、材料技术

材料技术在低空经济，特别是低空飞行器的发展中扮演着至关重要的角色，是助力低空飞行器性能提升的核心技术。先进材料的应用，不仅能够实现飞行器的轻量化与高强度，还能提高其耐腐蚀性、耐高温性等性能，为低空经济的发展提供了坚实的物质基础。

从轻量化材料到能源存储材料，每一种新材料的突破都为低空飞行器的性能提升和应用拓展提供了可能。低空飞行器涉及的材料主要有以下几种。

一是轻量化材料，如高强度碳纤维，用于减轻飞行器自重，提高外壳机械强度和延长航程。其中，碳纤维复合材料作为一种低密度、高强度、高模量的轻量化材料，在低空飞行器中的应用至关重要。其同等重量下的拉伸强度可达到钢、铝合金、钛合金的9倍以上，弹性模量更是达到5倍以上，在小型无人机、直升机、固定翼轻型飞机和电动垂直升降飞行器等低空飞行器中得到了广泛应用。我国在碳纤维复合材料领域已取得了显著进展。2023年，我国碳纤维总产量约为5.5万吨，同比增长14.8%。尽管在高端产品的研发和生产上与国际先进水平仍存在差距，但我国企业正通过技术创新和产业链整合以满足低空经济等高端领域的需求。

二是能源存储材料，高能量密度的锂离子电池和正在研发中的新型电池技术，能为电动飞行器提供动力。当前，用于通用航空的电池种类多样，包括凝聚态电池、圆柱电池、软包电池和固态电池等。其中，软包电池因其高能量密度、高放电性能和更轻的重量优势，有望成为低空飞行器电池的主流方案。

三是环境适应材料，如聚酰亚胺，抗腐蚀、耐高低温材料，主要用于保证飞行器在复杂环境下的稳定性。其中，聚酰亚胺以其出色的耐热性能而闻名，长期使用温度范围宽广，是综合性能最佳的有机高分子材料之一。然而，我国聚酰亚胺生产企业的产能规模普遍较小，产品性能不够稳定，在今后的发展中必须不断开发高端产品市场，努力打破当前的局面。

四是智能/通信材料，如压电陶瓷、聚四氟乙烯等，用于飞行器的智能控制，提高通信系统的性能。其中，聚四氟乙烯是一种具有优异耐高低温、耐腐蚀和耐老化性能的高分子材料。我国聚四氟乙烯的总产能已达到19万吨/年，但同样面临结构性过剩问题，高端产品仍需进口。随着国内技术的进步和产品升级，聚四氟乙烯在半导体、氢能燃料电池等领域的应用需求有望得到进一步满足。

除了上面提及的多种材料，一些新型材料（如纳米材料、智能材料等）也在逐渐应用于低空经济领域。材料技术的不断进步，为低空飞行器的设计和制造带来了更多的可能性。它不仅推动了飞行器性能的提升，还促进了飞行器设计理念的创新和变革。随着新型材料的不断涌现和应用，低空飞行器将在性能、可靠性、耐用性、安全性、环保性等多个方面实现更大的突破，为低空经济的发展注入新的活力。

三、大数据与人工智能技术

大数据与人工智能将使低空具备精确的感知、智慧的大脑、智能的控制，为低空经济插上腾飞的翅膀，使其成为真正的新质生产力。基于海量低空飞行数据的挖掘分析，大数据与人工智能技术能够实现飞行计划智能优化、设备故障提前预测、目标智能识别等功能，极大地提高了低空经济的运营智能化水平。

第四章
腾飞之翼：低空经济科技赋能

低空经济结合大数据和人工智能技术打造的"数智低空大脑"，通过高精度的感知物联技术以及先进的空间计算技术，不仅可以实时获取飞行器的位置、速度、高度等关键信息，确保飞行活动的透明化和可追溯性，还能对飞行器的运行状况进行实时分析，对潜在的安全隐患进行预警和处置，确保飞行活动的顺利进行。大数据与人工智能技术的应用，也在空中交通规则的制定与飞行活动指挥上实现了科学化、精准化。所形成的操控系统能够深入对接军方及民航的标准与政策，通过精细化的飞行管控，确保飞行活动安全、有序进行，为低空经济的稳健发展奠定坚实基础。

目前，大数据与人工智能技术已初步应用于低空经济领域，实现了飞行计划智能优化、设备故障提前预测等功能。这些技术的应用显著提高了低空经济的运营效率和安全性。未来，随着大数据和人工智能技术的不断进步，低空经济将实现更高水平的智能化运营。新型大数据与人工智能技术（如机器学习、深度学习等）将逐渐涌现，为低空经济注入新的创新动力。

四、起降技术

低空飞行器便捷、通用的起降方式是拓宽低空经济应用范围与场景的重要"钥匙"。它使飞行器摆脱了对传统大型机场跑道的依赖，能够在更广泛的区域内灵活起降，为低空经济的发展注入了新的活力。

垂直起降和短距起降技术是当前起降技术的重要发展方向。垂直起降技术使低空飞行器能够像直升机一样，在原地直接起飞和降落，无须长距离跑道。起降技术的应用，使低空飞行器可以在楼顶、操场、临时停机坪等狭小空间内起降，大大提高了操作的机动性和灵活性。例如，在应急救援中，垂直起降无人机能够迅速抵达事故现场，帮助救援中心实时了解现场情况，指挥物资的运输和救援勘察工作，为救援行动争取宝贵时间。随着技术的进步，新型起降技术（如磁悬浮起降技术）将逐渐涌现，为低空飞行器提供更短距、更便捷、更高效的起降方式，也能进一步拓展低空经济的应用场景。

起降技术的发展，不仅降低了低空飞行器的运营成本，还使低空作业能够深入城市、农村、偏远山区等更广泛的区域，快速响应各种任务需求。起降技术的不断创新和完善，也为低空经济的发展开辟了更广阔的空间，使低空飞行器能够更好地满足不同场景下的应用需求，推动低空经济在各个领域的深度融合和发展。

五、探测感知技术

低空飞行总是会面临诸多未知风险，探测感知技术就如同飞行器的"火眼金睛"，帮助飞行器提前发现潜在危险，实时监测气象变化，为飞行决策提供一手信息，有效保障飞行安全。

雷达、光电设备、声波探测器等多种探测设备协同运作，共同构建起飞行器的探测感知体系。雷达通过发射电磁波并接收反射波，能够远距离探测到障碍物的位置、速度和形状等信息。在大雾、黑夜等恶劣天气条件下，雷达的优势尤为明显，它可以帮助飞行器在能见度极低的情况下及时发现障碍物，避免碰撞事故。红外摄像机可以检测到物体发出的红外辐射，从而在夜间或恶劣天气中发现目标物体，对于监测森林火灾、野生动物活动等具有重要作用。高清摄像头则能够提供清晰的图像信息，用于识别地面标志、建筑物等，为飞行器的导航和任务执行提供直观的视觉依据。声波探测器则可以通过接收声波信号来感知周围环境中的物体，如鸟类、无人机等,对于避免飞行器与鸟类碰撞等事故具有重要意义。

探测感知技术还能够实时监测气象变化,为飞行器提供气象信息。气象条件对低空飞行的影响极大,强风、暴雨、雷电等恶劣天气都可能对飞行器的安全造成威胁。地面控制中心或飞行员根据气象数据,包括飞行区域的气温、气压、湿度、风速、风向等,能够及时调整飞行计划,如改变飞行高度、航线等,以避开恶劣天气区域,确保飞行安全。

目前,雷达、光电设备、声波探测器等探测感知设备已广泛应用于低空飞行器中。这些设备能够提前发现潜在危险,实时监测气象变化,为飞行决策提供重要信息。随着技术的发展,探测感知技术将不断融合人工智能、机器学习等技术,提高探测感知的准确性和实时性,使飞行器对周围环境的感知能力越来越强。新型探测感知设备(如量子雷达、激光雷达等)将逐渐涌现,为低空飞行器提供更强大的感知能力。

六、通信导航技术

低空飞行时,周围环境复杂多变,飞行器时刻需要精准的"方向指引"与稳定的通信链路,以实时调整飞行操作,完成既定任务。通信导航技术就如同飞行器的"指南针"与"顺风耳",为飞行安全与任务执行提供关键支撑。

卫星通信、地面基站组网等多模式通信方式共同构建起低空飞行所需的空地实时联络的桥梁。卫星通信具有覆盖范围广、不受地理条件限制的优势,即使在偏远地区或海洋上空,飞行器也能通过卫星与地面控制中心保持通信。例如,在进行森林、沙漠巡检时,无人机可以利用卫星通信将采集到的图像和数据实时传输回控制中心,以便技术人员及时了解目标区域的实际状况。而地面基站组网则为城市等人口密集区域提供了更为稳定、高速的通信服务。在城市物流配送中，无人机可以通过地面基站与配送中心进行通信，接收配送任务和实时调整飞行路线，确保货物能够及时、准确地送达客户手中。

高精度导航定位系统是通信导航技术的核心组成部分。以北斗低空增强系统为例，其精度能够达到亚米级，这意味着飞行器可以精确知晓自己的位置信息，误差极小。在低空飞行中，精确的定位至关重要，它可以帮助飞行器严格按照预定航线飞行，避免迷失方向或偏离航线。在航空摄影测量中，高精度的导航定位系统能够确保无人机在拍摄过程中准确地定位到目标区域，获取高质量的影像数据，为城市规划、土地测绘等提供精准的数据支持。

通信导航技术的不断发展和完善，使飞行器在低空飞行中能够实现更加高效、安全的通信和导航。它不仅提高了飞行器的运行效率和可靠性，还为低空经济的创新应用提供了更多可能性，如实时远程监控、无人机编队飞行表演等，进一步拓宽了低空经济的发展空间。

5G、5G-A等新一代通信技术的发展，将进一步提升低空飞行器的通信速度和稳定性。高精度导航定位系统也将持续优化，实现更精准的定位和导航服务。

七、能源动力技术

能源动力技术是决定低空飞行器续航能力与运营效率的关键因素，堪称低空飞行的"动力源泉"。随着低空经济的快速发展，对飞行器能源动力技术的要求也越来越高。

第四章
腾飞之翼：低空经济科技赋能

传统的燃油发动机在低空飞行器中仍有广泛应用，通过不断改良，其燃油经济性得到了显著提升。然而，为了满足日益增长的环保和续航需求，新能源在低空飞行器中的应用也越来越受到关注。锂电池以其能量密度高、充电速度快、无污染等优点，成为小型无人机的主要动力源。在一些小型的物流配送无人机和航拍无人机中，锂电池的应用使飞行器能够实现较长时间的飞行，并且操作方便，维护成本低。氢燃料电池作为一种更具潜力的新能源，也在逐渐应用于低空飞行器领域。氢燃料电池具有能量转换效率高、续航里程长、零排放等优点，尤其适合用于对续航能力要求较高的大型无人机或电动垂直起降飞行器。

此外，能源管理系统也是能源动力技术的重要组成部分。它能够实时监测飞行器的能源消耗情况，根据飞行任务和飞行状态，智能地调整能源分配，优化飞行器的动力输出，从而提高能源利用效率，延长飞行器的续航时间。能源动力技术的不断创新和发展，为低空飞行器提供了更加强劲、高效、环保的动力支持。它不仅提高了飞行器的运营效率和经济效益，还推动了低空经济向绿色、可持续的方向发展，为低空经济的长远发展奠定了坚实的能源基础。

就目前而言，传统燃油发动机技术已相对成熟，但存在燃油经济性差、排放高等问题。锂电池、氢燃料电池等新能源技术逐渐兴起，为低空飞行器提供了更环保、更高效的能源动力。未来，新能源技术将持续优化，提高能源转换效率和储能密度。新型能源动力技术（如固态电池、核聚变能源等）将逐渐涌现，为低空飞行器提供了更强大的能源支持。

八、空中交通管理技术

随着低空经济的繁荣发展,飞行器数量必将不断增多,构建科学合理的低空飞行管理系统迫在眉睫。空中交通管理技术就要制定对应的"交通规则",负责维护低空飞行秩序,保障飞行安全。

合理规划航线是空中交通管理的重要任务之一。通过对低空飞行需求的分析和评估,结合地形、气象等因素,为不同类型的飞行器规划出安全、高效的飞行路线。例如,城市区域和偏远山区的航线规划就有显著差异,要充分考虑建筑物的分布和人口密集程度,合理规划无人机的飞行航线,避免对居民生活造成干扰。只有通过科学合理的航线规划,才能更好地实现飞行器的有序飞行,提高空域利用率,为社会创造更多效益。

精准调配飞行流量是空中交通管理的关键环节。当多个飞行器在同一空域内飞行时,空中交通管理系统需要实时监测飞行器的位置、速度和飞行状态等信息,根据飞行计划和空域容量,合理安排飞行器的起降顺序和飞行间隔,确保飞行流量的均衡和顺畅。例如,在无人机物流配送高峰时段,空中交通管理系统可以根据各个配送点的需求和无人机的位置,合理调配无人机的飞行路径和时间,避免出现拥堵现象,提高配送效率。同时,当遇到突发情况,如恶劣天气或飞行器故障时,系统应能够及时调整飞行计划,指挥飞行器采取相应的应对措施,确保飞行安全。

空中交通管理技术还包括对飞行器的实时监控和通信指挥。通过雷达、卫星定位等技术手段,对飞行器进行全方位的实时监控,及时掌握飞行器的飞行轨迹和状态。一旦发现异常情况,如飞行器偏离预定航线、飞行速度和高度异常等,空中交通管理部门可以立即通过通信系统与飞行器驾驶员或操控者取得联系，发出指令，指导其及时进行调整和处置，避免发生安全事故。

空中交通管理技术的完善和发展，为低空经济的规模化发展提供了有力保障。它使低空飞行更加有序、安全，提高了空域资源的利用效率，促进了低空经济各产业之间的协同发展。随着低空经济的不断壮大，空中交通管理技术也将不断创新和升级，以适应日益增长的低空飞行需求。

目前，空中交通管理系统已初步建立，能够实现对低空飞行器的有效管理和调度。通过合理规划航线、精准调配飞行流量，有效避免了"空中拥堵"。随着物联网、云计算、人工智能等技术的不断发展，空中交通管理技术将更加智能化、高效化，新型空中交通管理系统（如低空智联网、空域动态管理系统等）也将逐渐涌现，为低空飞行器提供更便捷、更安全的飞行环境。

九、飞行控制系统技术

飞行安全是低空经济发展的生命线，而飞行控制系统技术则是确保飞行器安全、稳定运行的关键所在，堪称低空飞行的"定海神针"。无论是有人驾驶还是无人驾驶的低空飞行器，一套先进精准的飞行控制系统都是必不可少的。它如同飞行器的"大脑"，全面负责飞行过程中的各种控制指令的发出与执行。

在实际飞行中，自动驾驶功能让飞行器能够按照预设的航线自动飞行，大大减轻了驾驶员的操作负担，同时也降低了人为操作失误的风险。例如，在物流配送无人机执行任务时，自动驾驶功能可以确保其准确无误地抵达目的地，避免因人为因素导致的配送延误或偏差。精准的姿态调整功能则使飞行器能够在复杂的气流环境中保持稳定的飞行姿态。当遇到强风、气流颠簸等情况时，飞行控制系统能够迅速感知并作出调整，通过调整飞行器的机翼角度、发动机推力等参数，使飞行器始终保持平稳飞行，确保飞行安全。

智能避障功能更是飞行控制系统技术的一大亮点。低空飞行环境复杂多变，障碍物众多，如建筑物、山峰、高压线等。智能避障系统能够利用激光雷达、超声波传感器、摄像头等多种传感器，实时感知飞行器周围的环境信息。一旦检测到前方有障碍物，系统会立即计算出最佳的避让路径，并自动控制飞行器进行避让，有效避免了碰撞事故的发生。例如，在城市中进行低空作业的无人机，可能会遇到高楼大厦、电线杆等各种障碍物，智能避障功能能够使其在复杂的城市环境中安全飞行，顺利完成任务。

飞行控制系统技术的发展，不仅提高了飞行器的安全性和可靠性，还为低空经济的广泛应用奠定了坚实基础。从农业植保无人机在农田中的精准作业，到消防救援无人机在火灾现场的高效救援，再到测绘无人机对地形地貌的精确测绘，飞行控制系统技术都发挥着至关重要的作用，推动着低空经济在各个领域的深入发展。

目前，飞行控制系统技术已相对成熟，广泛应用于有人驾驶和无人驾驶的低空飞行器中。可靠的自动驾驶、精准的姿态调整以及智能避障等功能显著提高了飞行器的安全性和稳定性。随着人工智能技术的不断进步，飞行控制系统将更加智能化，实现更精准的飞行控制和避障功能。飞行控制系统将与其他技术（如通信导航技术、探测感知技术等）深度融合，形成更加高效、可靠的飞行控制系统。

第二节 低空经济的相关数字技术

一、低空经济的通信网络基础建设

低空经济的发展需要依赖一个强大且高效的通信网络基础设施。随着低空飞行器、城市空中出行以及低空物流配送等领域的迅速发展,传统的通信系统已无法满足日益增长的需求,特别是在实时性、可靠性以及网络容量等方面。

（一）低空经济通信网络的架构与要求

通信网络是低空经济的基础环节,其网络协同技术涉及通信、导航及监控等诸多领域。在低空经济飞速发展的背景下,飞行器越来越多,空域环境越来越复杂,对于通信网络的需求与日俱增。为适应这些要求,通信网络应具有高带宽、低延迟以及高可靠性的特性。这就需要低空经济中的通信网络设计在多维度上兼顾飞行器动态变化、空域实时调度和突发事件处理能力,保证通信网络能实现飞行器和地面控制中心在各种情况下的连续、稳定通信。

低空经济的通信网络必须能支持大范围、大规模设备的接入与数据传输。在低空经济中,飞行器、地面指挥中心、空域监控平台、运营调度系统等各环节均需依靠通信网络实现数据交换和指令传递。

低空飞行场景对于通信的需求还体现在安全、高效的飞行控制和丰富的业务数据传输上。从飞控角度来看，低空飞行需动态规划航线、提高空域利用率，并在识别非法飞行时下达紧急指令；需要高可靠传递起降飞行参数和指令；飞行器还需定期汇报位置、速度等状态信息，帮助监管部门监控飞行。在这些需求下，低时延高可靠通信链路（ultra-Reliable and Low-Latency Communications，uRLLC）成为飞行控制的关键。而从业务方面来看，低空飞行在飞行和起降阶段传输大量的机载数据，需要靠高带宽的上行通信链路（增强移动宽带，enhance Mobile Broadband，eMBB）来实现。此外，地面控制中心还需通过uRLLC向无人机下达实时的任务指令。

为保证低空经济通信网络运行的高效性和安全性，在网络架构设计中还要注意数据加密和安全防护问题。由于低空经济涵盖了多领域跨行业合作，因此，网络上传输的数据通常含有商业机密、客户隐私和飞行器敏感信息。保障数据安全、避免数据泄露或者网络攻击是通信网络架构设计过程中不容忽视的一个重要环节，通过利用先进加密技术和防火墙技术构建多层次安全防护机制等措施，为低空经济智能化和协同化运行提供了坚实安全保障。

（二）低空经济通信网络的技术要求

目前支撑空域管理的通信技术主要通过雷达和部分无线技术 [TDOA（Time Difference of Arrival，一种利用信号到达时间差进行定位的技术）、频谱探测技术、光电技术] 等方式来实现。但是传统雷达成本高、辐射大，无法在城市低空大规模部署；TDOA及频谱探测技术仅对协作无人机管理有效，但无法对非协作无人机（非法无人机）、气球、风筝等异物入侵航道等场景进行有效探测；光电技术仅能做辅助识别，无法进行距离和位置的有效探测。因此，技术能力限制导致当前探测基础设施无法形成规

第四章
腾飞之翼：低空经济科技赋能

模部署，无法实现对于空域航道资源的精细化管理和实时化监测。

5G技术是未来通信网络发展的核心动力，它具有超低延迟、高可靠性等特点，可以实现低空经济条件下的高速数据传输、实时反馈等。由于低空经济中所涉及的飞行器都是空中和地面上不断发生变化的，因此它们的通信需求对于延迟提出了极其严格的要求。5G网络超低延迟及高数据传输速率能有效降低飞行器与地面控制中心，其他飞行器间通信时滞，增强飞行时响应速度及安全性。另外，5G技术可以支持大范围设备接入以保证高密度空域内各种飞行器和空域管理平台数据传输畅通无阻，以达到空域资源利用最优化。以传统地面通信网络为依托，引入卫星通信技术可以大大扩展低空经济通信网络覆盖。卫星通信技术对于地面通信设施覆盖不到的地区，尤其是偏远地区或者空域较宽的地区尤为适合，可以保证飞行器全程处于连续稳定通信状态。卫星和地面网络协同工作，建立无死角通信，保障低空经济各环节平稳衔接。该融合网络的建设在解决飞行器通信时效性问题的同时，也可以为低空经济中的各种业务提供所需的技术保障。

5G-A技术是5G技术的演进和发展方向。5G-A通信感知融合技术基于软硬件资源以及频谱资源共存/共享，实现了在一张网络上同时支持无线感知与无线通信功能。从通信能力来看，5G-A作为蜂窝通信技术，具有干扰小、业务保障质量高、收发覆盖范围大、电信级安全可靠、终端移动性好等特点，是最适合作为低空无人机通信的技术。从感知能力来看，5G-A相比雷达和TDOA技术更适合城市低空无人机监控，解决了城市低空雷达无法组网和辐射功率大的问题，同时也可以解决非协作无人机（非法无人机）的识别探测问题，在建设和运维成本上也存在优势，也是最适合的低空无人机探测解决方案。

(三)通感一体网络的打造

当前缺少专门针对低空无人机的通信网,在一定程度上制约了低空经济的规模及可靠发展。当前主流无人机的操控及图传均采用基于私有协议的Wi-Fi点对点传输技术,传输的距离在1千米到5千米,无法支持中远距离通信,影响低空经济的规模发展。运营商广域覆盖的通信网是理想的低空无人机通信网方案,但目前的移动运营商的移动通信网络主要是针对地面的人、车、物,基站的部署角度、辐射范围以及网络优化均围绕地面目标,对低空无人机通信网络并未做部署。但广域覆盖和可靠的低空通信网络对于低空经济的规模化运行起到决定性作用,无论是低空监管平台与无人机机载数据的实时回传,还是无人机的长距离飞行远程操控,都依赖可靠的通信网络。

同时,随着低空飞行器数量的增加,单一的通信功能已无法应对复杂多变的飞行环境,低空主动感知成为保障飞行安全、提高空域管理效率的核心技术。从空域建设和管理的角度来看,通过感知功能可以实现空域的栅格化管理,在全球卫星导航系统(Global Navigation Satellite System, GNSS)的信号受到干扰时,仍能确保飞行器在复杂环境中正常飞行;在监测和监控方面,需要通过感知功能,实时监控合作飞行器是否有飞出航线或超速等情况,对非法无人机进行轨迹跟踪和定位;从起降引导的角度来看,依赖感知功能,低空飞行能够顺利避障并精确降落,地面控制中心可调度多架无人机有序起降;在导航辅助方面,感知功能可以获取地形、气象条件和其他飞行器位置等实时信息;同时,感知系统还具备碰撞预警和智能航路规划的功能,最大化利用空域资源。

因此,构建低空通信与感知于一体的通感一体网络,成为推动低空经济安全、高效发展的关键技术路线。

第四章
腾飞之翼：低空经济科技赋能

所谓通感一体，是指同时具备空间感知、通信的网络，通过分析无线信号的传输来获取对目标或环境的感知，是5G-A的新增能力，将让基站兼顾通信和感知双重能力，同时契合无人机运营商网络架构需求。

通感一体技术能为低空安防等低空经济领域的各类应用提供技术和网络支持，推动低空经济规模化发展。它能够实时感知低空飞行器的位置、速度、姿态等信息，并将这些信息传输给相关的监管部门和飞行器操作员。这样，一旦有异常情况发生，相关部门和操作员可以迅速作出反应，从而有效提升低空飞行的安全性。通过通感一体技术，低空飞行器可以更加精准地获取飞行路线和空域信息，从而避免不必要的飞行冲突和延误。这不仅可以提高飞行效率，还可以降低飞行成本，为低空经济的发展提供有力支持。同时，通感一体低空经济网络设施的建设将推动低空经济相关产业的升级和发展。例如，随着通信和感知技术的不断进步，无人机、无人车等智能交通工具将更加广泛地应用于各个领域，从而推动交通运输、物流、农业等多个行业的创新和发展。通感一体技术还可以为监管部门提供强大的监管工具。通过实时监控低空飞行器的飞行情况，监管部门可以更加有效地管理低空空域，确保低空飞行的有序进行。此外，通感一体技术需要先进的通信设备和强大的信息技术作为支撑。因此，通信设备制造商和信息技术服务商将有机会在这一领域发挥重要作用，提供高性能、高可靠性的通信设备，帮助建设和管理低空经济网络设施，实现信息的实时传输和处理，满足低空经济网络设施的建设需求。

（四）低空经济网络协同与实时数据处理

低空经济中网络协同既要依靠通信技术支撑，又要借助高效数据处理系统进行实时信息共享和决策支持，低空经济条件下，飞行器调度，空域管理和物流运输均需要海量实时数据支持，因此如何从庞大的数据中迅速

低空经济 乘风而起
产业集群多维赋能区域发展新引擎

地抽取出有效的信息，执行实时处理和在尽可能短的时间内向相关方转移是网络协同中的一个重点。为达到这一目的，低空经济需要构建一个支持全网协同工作的高效数据处理平台。

低空经济网络协同要求整合各方面实时数据。飞行器、空域管理平台、物流系统、气象监测站诸多环节均需依靠实时数据作出决策和调整。这时对数据进行实时处理的能力就显得尤为重要。低空经济中的通信网络一定要有较强的数据处理能力，能将传送来的数据迅速地分析，总结和反馈到有关决策者手中。为了实现这一点，网络协同平台通常依赖云计算和边缘计算技术，云计算能够为大规模数据存储和分析提供支持，边缘计算则能够在数据产生源头进行初步处理，降低数据传输和处理的时延，提高响应速度。

云计算与边缘计算相结合使低空经济可以避免集中式计算所带来的瓶颈，可以实时共享数据。云计算平台可以将各飞行器，空域管理平台以及外部环境等数据聚合在一起，从全局视角向决策者实时提供分析报告。并且边缘计算可以通过对飞行器与地面站点之间局部数据的处理来迅速地对即时需求作出反应，降低数据传输时的时延，特别是飞行器导航时、避障等，实时处理数据的快慢直接关系到飞行器安全。

除数据处理能力之外，低空经济网络协同更需保证数据高效流动和无缝连接。低空经济应用场景下，飞行器穿梭于各种空域，涉及众多空域管理平台及地面控制站点。如何保证飞行器全程与各个控制平台保持连续稳定的联系是网络协同技术所面临的重大难题。要达到这一目的，需要网络内各个节点有很高的协同能力与不同平台间数据传输的快速性和无缝性，通过高级协议和数据交换机制实现低空经济各参与方对飞行器状态、路径、速度和气象信息进行实时数据共享，进而提供空域调度服务、飞行器

第四章
腾飞之翼：低空经济科技赋能

调度、紧急避障和其他操作。

伴随着低空经济的发展，网络协同技术对飞行器之间的合作也起着至关重要的作用。当多架飞行器运行于同一空域内时，如何协调飞行路径以避免碰撞是低空经济的一个重要课题。网络协同技术是通过对飞行器位置信息、速度和航向进行实时数据交换来实现飞行器之间的准确协作。飞行器能够依据网络协同系统所提供的实时信息对航线进行自动调整，从而避免和其他飞行器产生冲突，保证空域资源得到有效利用。

二、低空经济的云计算应用

低空经济的发展依赖高效的数据处理和计算能力，云计算与边缘计算的结合使大规模数据处理与实时计算协同工作，从而提高了低空经济各个环节的智能化水平。云计算提供强大的数据存储、分析与处理能力，而边缘计算则在靠近数据源的地方完成计算，确保低延迟和高效率。两者的结合形成了一种分布式计算模式，使低空经济能够在保证数据实时性的同时，提高整体计算能力，增强空域管理、飞行器调度和数据传输的稳定性。

（一）云计算简介

1. 云计算的含义

云计算（Cloud Computing）是分布式计算的一种，又称为网格计算，指的是通过网络"云"将巨大的数据计算处理程序分解成无数个小程序，然后通过多部服务器组成的系统处理和分析这些小程序得到结果并返回给用户。通过这项技术，可以在很短的时间内（几秒钟）完成对数以万计的数据的处理，从而实现强大的网络服务[①]。

2. 云计算的优势

云计算具有以下六大优势。

一是弹性好。云计算支持灵活地扩容和缩容，可以按需使用资源，减少因为业务高峰而做IT资源筹备工作，同时也避免了在业务高峰后遗留大量闲置资源，造成不必要的资源浪费。

二是敏捷性强。云计算具有丰富多样的技术产品、全球部署的基础设施、易上手的产品使用体验。用户可以通过云计算轻松地使用各种技术，从而快速完成业务创新，在全球构建商业系统。

三是安全性高。能够实现云平台及业务数据全生命周期保护、全球高等级数据安全及合规隐私，保障业务安全在线。

四是稳定性强。云计算具有的多地区数据中心部署、容灾备份、自动化监控和恢复等技术，可以全方位地支持用户的业务连续性和稳定性。

五是性能好。云计算通过存储计算分离、软硬协同优化等底层技术，能够大规模提高服务的资源效率和性能。

六是成本低。云计算具有超大规模的数据中心和全球化的服务能力，能够带来高性价比的服务，同时伴随公共云规模的不断扩大，可以带来规模化效益，不断降低用户在"云"上的支出成本。

3. 云计算的原理

在云计算中，用户通过互联网连接到云平台，通过云平台来管理和使用云计算资源。云平台由云服务提供商维护和管理，它提供了计算、存储和网络等资源。图4-1展示了云计算中不同层级的组成和相互关系。

---

① 许子明，田杨锋. 云计算的发展历史及其应用 [J]. 信息记录材料，2018，19（8）：66-67.

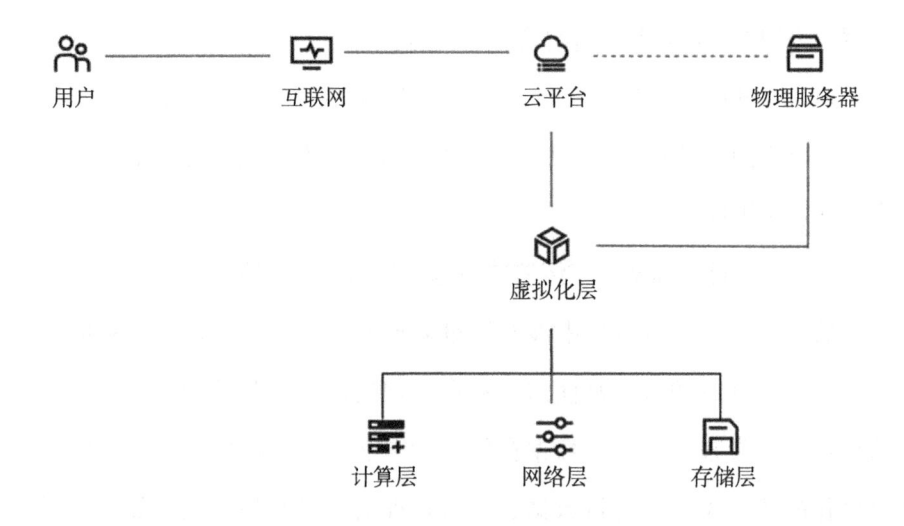

第四章
腾飞之翼：低空经济科技赋能

图 4-1　云计算中不同层级的组成和相互关系

在云平台中，虚拟化层起到了重要的作用。它将物理服务器抽象为虚拟的计算资源，使用户可以根据需要动态分配和管理这些资源。虚拟化层允许多个虚拟机在同一台物理服务器上运行，实现资源的共享和高效利用。

存储层主要是提供了存储空间供用户存储和管理数据。用户可以根据需要选择适当的存储类型，如对象存储、块存储或文件存储，来满足不同的存储需求。

网络层是云平台中负责网络连接和通信的部分。它负责将用户与云平台之间的数据传输和通信进行处理及管理，确保数据的安全和可靠传输。

计算层是云平台中负责处理和执行计算任务的部分。它包括虚拟机实例、容器服务等，提供了计算能力供用户运行应用程序、处理数据等。

物理服务器是云平台中实际的硬件设备，它们是云平台上虚拟化、存储、网络和计算等层级的基础。云服务提供商通过维护和管理这些物理服务器，为用户提供可靠的计算资源和服务。

通过互联网连接到云平台，用户可以根据实际需求创建和管理云服务器、存储空间等基础资源，并可以使用云平台提供的开发工具和服务来开发与部署应用程序。

（二）云计算赋能低空经济的数据管理与智能决策

低空经济在运行过程中涉及海量数据的产生、存储、分析和应用等环节，而云计算的应用则使这些数据处理更加有效和准确。云计算技术给低空经济带来了有效的数据存储与计算能力，使数据资源可以实现最大优化配置。飞行器运行数据、空域管理信息以及物流配送数据均需在各系统之间进行交换，云计算借助其强大的计算能力与数据存储能力实现，使这些数据在各个平台上实现无缝衔接，保证了数据处理的及时性与准确性。

云计算集中式计算模式使低空经济数据处理效率更高。当飞行器在空域内飞行时会产生海量实时数据，其中包括飞行路径和速度、环境数据等，对其进行处理与分析都需要有较强的计算能力。云计算可以快速地分析这些数据，产生准确的飞行建议，进而为飞行器调度提供科学依据。空域管理平台采用云计算技术可以将多个飞行器上的数据集成在一起，实现空域资源的最优分配，在保证空域有效使用的前提下，减少飞行器作业安全风险。

数据安全性问题是低空经济运行的核心问题，云计算的提出促进了数据存储安全等级的提高，使数据在传输与存储时都能受到有效防护。云计算平台能够通过分布式存储技术对数据进行冗余备份来避免数据丢失，云端安全机制可以有效地识别并抵御发生的网络攻击，保障飞行器运行数据及空域管理信息等安全。

云计算应用推动低空经济智能化决策,大数据分析与人工智能技术融合使低空经济各环节都可以依赖数据来推动决策。飞行器路径规划、空域资源优化、市场需求预测等重要决策均可依靠云计算技术对数据进行分析,基于历史数据与实时数据产生最优解决方案。在云计算技术的推动下,低空经济智能化管理能力得到显著增强,使各环节之间能更准确、更有效地配合,减少人工干预复杂性,提高整体经营智能化水平。

三、低空经济的边缘计算应用

(一)边缘计算简介

1. 边缘计算的含义

边缘计算(Edge Computing)是指在靠近物或数据源头的网络边缘侧,融合网络、计算、存储、应用核心能力的开放平台,就近提供边缘智能服务,以满足行业数字化在敏捷连接、实时业务、数据优化、应用智能、安全与隐私保护等方面的关键需求[①]。

边缘计算是一种分布式计算范式,它在靠近物或数据源头的网络边缘侧进行数据的处理和分析,而不是完全依赖中心化的云数据中心。这里的"边缘"可以指的是任何数据产生的地方或靠近数据产生的源头,如移动设备、物联网设备、网关、小型数据中心等。这种计算模式能够通过融合网络、计算、存储和应用的核心能力,构建分布式的平台,以提供高效的边缘智能服务。

---

① 魏学将,王猛,李文锋.智慧物流信息技术与应用[M].北京:机械工业出版社,2023.

2. 边缘计算的优势

边缘计算具有以下几项优势[①]。

一是能够减少网络延迟。在传统的云计算模式中，所有的数据都需要传输到远程的数据中心进行处理，这会导致较高的网络延迟。而边缘计算将数据处理和分析的任务转移到数据生成的源头附近，大大地减少了数据传输的距离和时间，从而降低了网络延迟，提高了响应速度。

二是能够减轻云端负担。随着物联网设备数量的增加，如果所有数据都上传到云端处理，将会给云端带来巨大的负担。边缘计算可以在本地处理大部分数据，只将必要的数据上传到云端，从而大大地减轻了云端的负担。

三是能够提高数据处理的实时性。在某些应用场景中，如自动驾驶、智能制造等，对数据处理的实时性要求非常高。边缘计算能够在数据生成的瞬间进行实时处理和分析，满足了这些场景对实时性的需求。

四是能够增强数据安全和隐私保护。由于数据在本地进行处理，不必全部上传到云端，这在一定程度上减少了数据泄露的风险，增强了数据的安全性和隐私保护。

五是支持离线工作。在边缘计算中，由于数据处理和分析在本地进行，即使在网络不稳定或断开的情况下，部分应用和服务仍然可以正常运行。

3. 边缘计算的原理

如图4-2所示，在边缘计算的架构中，终端节点、边缘计算节点、网络节点以及云计算节点具有各自的功能和角色。

---

① 通信行业搬运工. 以太网技术系列专题九：边缘计算技术简介[EB/OL].（2024-09-13）. https://cloud.tencent.com/developer/article/2451199?policyId=1003.

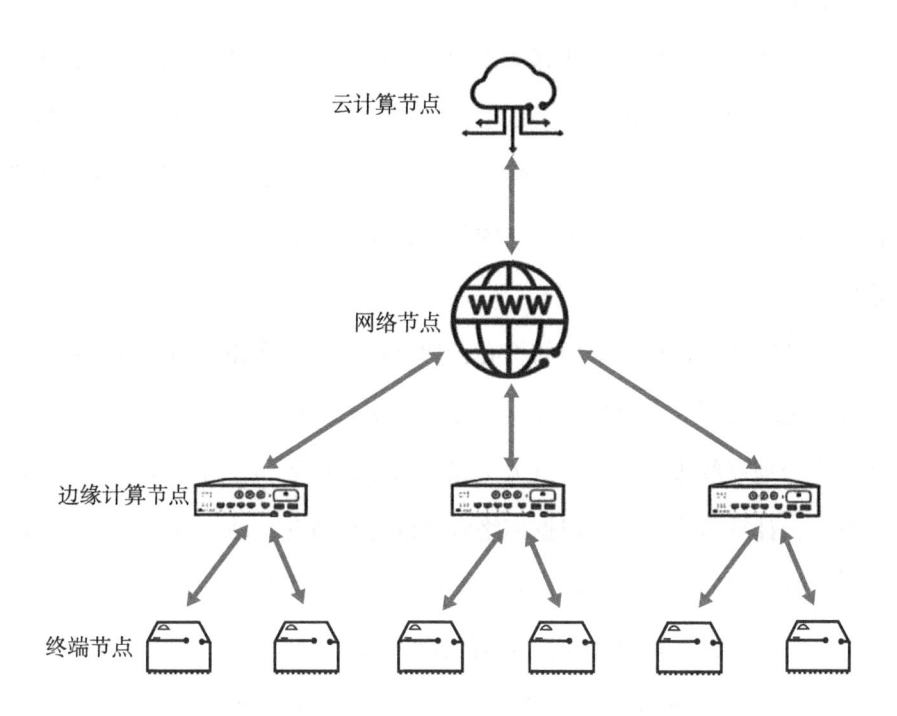

第四章
腾飞之翼：低空经济科技赋能

图 4-2　边缘计算的架构

终端节点是整个架构的数据源头，由各种物联网设备组成。这些设备，如传感器、RFID标签、摄像头和智能手机等，主要负责收集原始数据，如环境参数、图像、视频或用户输入等，并将这些数据上报给边缘计算节点或网络节点。终端节点的特点是数量庞大、分布广泛，但通常不具备复杂的计算能力，主要专注于数据的采集和初步处理。

边缘计算节点位于网络边缘，靠近终端节点。它们通过合理调配和利用自身的计算和存储资源，对终端节点上报的数据进行初步处理和分析，以减轻云计算节点的负担，并降低数据传输的延迟。边缘计算节点可以执行一些基础服务响应，如实时数据分析、本地决策等，从而实现对数据的快速处理和反馈。

网络节点是连接边缘计算节点和云计算节点的桥梁。它们负责将边缘计算节点处理后的有用数据上传至云计算节点，以便进行更深入的分析和处理。同时，网络节点也负责将云计算节点的指令或处理结果传递回边缘计算节点或终端节点。网络节点的稳定性和带宽对于整个系统的性能至关重要。

云计算节点是整个架构的核心，拥有强大的计算和存储能力。它们负责接收边缘计算节点上传的数据，并进行永久性存储。此外，云计算节点还负责处理那些边缘计算节点无法完成的分析任务和综合全局信息的处理任务。云计算节点还可以根据网络资源的分布情况，动态调整边缘计算层的部署策略和算法，以优化整个系统的性能和资源利用效率。

（二）边缘计算提升低空经济的实时响应能力

低空经济运行对信息处理提出了更高实时性要求，引入边缘计算技术使数据在数据源附近就能完成运算，减少了数据传输时延，加快了系统响应速度。飞行器工作时需要实时计算，如避障决策、路径优化、突发事件响应等，传统集中式计算模式因数据传输与处理时间滞后很难满足该要求。边缘计算是通过对飞行器局部或飞行器附近边缘节点的计算，使数据能够以最短的时间处理完成，保证了飞行时的安全与稳定。

空域管理的复杂性决定了该系统必须具有快速计算与决策的能力，而引入边缘计算使空域管理系统可以在飞行器驶入一定范围内，快速调整空域使用方案和优化飞行器调度方案。在高密度空域下，飞行器活动轨迹需依据实时数据动态调整，边缘计算可处理本地数据，快速给出飞行调整方案以规避数据传输延迟带来的飞行风险。

物流配送领域无人机调度对于实时计算需求也很高，而边缘计算技术

第四章
腾飞之翼：低空经济科技赋能

使无人机在飞行时可以自主地调整航线以优化物流配送效率。无人机飞行路径受天气、地面障碍和空域使用等诸多因素影响，常规集中式计算模式要求全部数据必须传输到云端进行处理，不仅费时，而且无法及时响应客观情况的变化，而边缘计算可以在当地完成，可以结合实际情况对飞行路径进行及时调整，保证物流配送任务及时、安全地完成。

将边缘计算用于低空经济也表现为对飞行器进行安全管理。飞行器工作时会出现突发状况，如发动机故障、气象突变等问题，依靠传统云计算模式传输数据并处理，会因响应时间太长而影响飞行器安全。利用边缘计算，可以将智能计算系统部署到飞行器或者邻近地面站点，使飞行器可以第一时间对其状态进行分析，采取适当应急措施保障飞行安全。当飞行器异常时，边缘计算系统可直接发送调整指令给飞行器，而不需要等待云端的计算结果，大大提高飞行器应急响应能力。

低空经济运行涉及海量设备与终端，边缘计算分布式架构使计算能力可以分布于不同节点，从而实现大范围设备并行计算。云计算适合大范围数据集中处理，边缘计算更加适合本地计算要求反应快的特点，两者相结合可以在低空经济等不同应用场景中各显神通，使系统既能实现低延迟、高效率的运行方式，又能保证系统具有高计算能力。

低空经济的迅猛发展要求云计算与边缘计算密切结合，云计算为数据分析提供了较强的能力，边缘计算为数据处理提供实时性保障。两者协同作业，使低空经济各环节都能智能化、自动化、高效化作业，保障飞行器调度、空域管理、物流配送等重要业务平稳运行。将云计算和边缘计算相结合，不但能有效提高低空经济智能化程度，也能为今后低空经济深入发展打下扎实技术基础。

四、低空经济的数字孪生技术

低空经济作为一个新兴产业,正在迅速渗透到多个领域,其发展过程中的数据复杂性和系统复杂性要求更为精确与智能的技术来支撑。

(一)数字孪生技术简介

1.数字孪生的含义

数字孪生(Digital Twin)也称为数字映射、数字镜像,是充分利用物理模型、传感器、运行历史等数据,集成多学科、多物理量、多尺度、多概率的仿真过程,它在虚拟空间中完成映射,从而反映相对应的实体装备的全生命周期过程。数字孪生是一种超越现实的概念,可以被视为一个或多个重要的、彼此依赖的装备系统的数字映射系统[1]。

数字孪生系统类似实体系统在信息化平台中的双胞胎。借助数字孪生技术,可以在信息化平台上了解物理实体的状态,甚至可以对物理实体里面预定义的接口组件进行控制,从而帮助组织监控运营、执行预测性维护和改进流程。

数字孪生的本质是信息建模,旨在为现实世界中的实体对象在数字虚拟世界中构建完全一致的数字模型,但数字孪生涉及的信息建模已不再是基于传统的底层信息传输格式的建模,而是对实体对象外部形态、内部机理和运行关系等方面的整体抽象描述,其难度和应用效果相较于传统建模呈指数级增长。其主要表现在数字孪生可以有多个变身,即根据不同用途和场景构建形态各异的数字模型。

---

[1] 于勇,范胜廷,彭关伟,等.数字孪生模型在产品构型管理中应用探讨[J].航空制造技术,2017(7):41-45.

2. 数字孪生技术的特征

数字孪生技术的特征主要体现在以下四个方面。

一是虚实映射。数字孪生技术要求在数字空间构建物理对象的数字化表示，现实世界中的物理对象和数字空间中的孪生体能够实现双向映射、数据连接和状态交互。

二是实时同步。基于实时传感等多元数据的获取，孪生体可全面、精准、动态反映物理对象的状态变化，包括外观、性能、位置、异常等。

三是共生演进。在理想状态下，数字孪生技术所实现的映射和同步状态应覆盖孪生对象从设计、生产、运营到报废的全生命周期，孪生体应随孪生对象生命周期进程而不断演进更新。

四是闭环优化。建立孪生体的最终目的，是通过描述物理实体内在机理，分析规律、洞察趋势，基于分析与仿真对物理世界形成优化指令或策略，实现对物理实体决策优化功能的闭环。

3. 数字孪生的技术体系

站在技术的角度来看，数字孪生的技术体系是非常庞大的。它的感知、计算和建模过程，涵盖了感知控制、数据集成、模型构建、模型互操作、业务集成、人机交互等诸多技术领域。其技术体系可概括如图4-3所示。

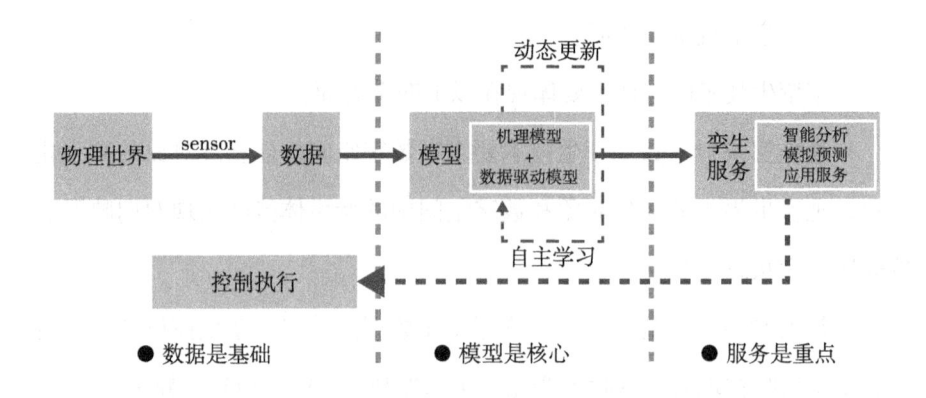

图 4-3　数字孪生技术的技术体系

（二）数字孪生技术在飞行器管理中的应用

飞行器作为低空经济的重点构成要素，对它的管理与调度直接关系产业链运行效率。数字孪生技术能够通过构建飞行器虚拟模型实时地反映飞行器状态及环境变化情况。该技术既能监控飞行器各技术指标，又能仿真优化飞行器运行状态，并预先识别发生故障的风险，通过数字孪生模型可以使运营方实现虚拟空间内飞行器的综合监控、维护预警以及优化管理等功能，达到更加有效的运营管理目的。

将数字孪生技术运用到飞行器管理中后，可提供全程实时监控，特别是飞行中飞行器运行状态及外部环境都将时刻发生变化。数字孪生技术可以将飞行器实时信息通过传感器与数据接口传递到虚拟空间，通过智能算法对其进行分析，进而产生准确运行状态反馈。通过该技术，运营方可以及时对飞行计划及路径进行调整，从而避免不必要的拖延及空域冲突等情况发生，提高飞行器运行效率。

数字孪生技术也可以对飞行器进行预防性维修。飞行器运行时可能会因设备老化或零件问题而发生故障，而数字孪生技术可以利用虚拟模型对

第四章
腾飞之翼：低空经济科技赋能

飞行器的每一次数据变化进行实时跟踪，并利用数据分析对可能发生故障的点位进行预测。维修团队能够根据数字孪生系统反馈信息及时修复或者更换零件，避免飞行器由于突发故障而停止飞行所带来的损失。该数据驱动预防性维护模式在提升飞行器安全性的同时也可以有效减少维护成本，提升低空经济产业整体收益。

飞行器的智能调度也可依赖数字孪生技术。由于低空经济要求时效性强，常规调度方式通常很难对变化作出快速反应，利用数字孪生技术则可实现飞行器虚拟模型实时更新、飞行计划与调度信息根据实时数据动态优化。运营方能够根据虚拟模型数据分析结果对飞行器调度顺序进行快速调整和飞行路径优化，以提高物流配送和空中出行效率，保证每架飞行器以最优的状态工作以适应市场的需求。

（三）数字孪生技术在空域调度中的应用

低空经济中的一个核心内容就是对空域的有效利用。在低空经济快速发展的背景下，空域资源管理与调度显得十分重要。数字孪生技术给空域调度带来一种新的解决思路，有利于有关部门对空域状况进行实时监测，优化空域资源利用，避免空域冲突与资源浪费。数字孪生技术通过构建虚拟空域模型可以对空域内不同飞行器的飞行状态进行仿真，并对空域使用规划进行实时调整，从而提高空域资源利用率。

空域调度数字孪生技术先通过实时监测空域，采集飞行器位置信息，如飞行高度和速度信息，并综合考虑天气、航路和飞行密度信息建立虚拟空域环境。然后以此为基础，空域调度系统可以对飞行器行为进行分析和预测，对可能发生的空域冲突或者拥挤进行事先预见。这一预测功能可以使空域管理部门在出现问题之前就进行预判和调整，从而避免空域内飞行器不必要的绕行、拥挤等行为，提高飞行活动的顺畅性与安全性。

数字孪生技术也有助于飞行器在路径规划和空域分配方面的优化。在传统空域管理下，飞行器的路径与飞行高度通常依靠人工拟定，数字孪生技术可以对不同飞行器的运行轨迹进行实时计算与仿真，对飞行路径进行自动调节，以避免交叉与冲突。通过实时仿真飞行器的动态行为，空域管理者可以按需准确分配空域资源并优化调度，保证飞行器按最优路径运行，在减少空域资源浪费的同时还能提高飞行效率。

随着低空经济下空域需求不断加大，空域资源紧张状况逐步凸显，传统空域管理模式的弊端也逐渐显现。数字孪生技术将空域管理虚拟化，既能提供实时监控、智能调度等功能，又可为空域管理长期规划提供数据支撑。在利用数字孪生技术建造空域模型的基础上，管理者能够预测不同时段和地理位置下的空域需求，并合理配置空域资源。借助这些技术手段可以使低空经济在空域资源受限的情况下高效、科学地运行。

数字孪生技术的提出，使空域管理由传统人工调度向智能化、自动化管理过渡。空域实时动态监控和调度优化不仅能保障飞行器安全飞行，而且为低空经济快速发展提供有力支撑。伴随着该技术的深入运用，空域使用效率会得到进一步提高，低空经济发展也会迎来全新的成长空间，促使行业向更高层次的智能化、精细化管理水平迈进。

五、低空经济的多维度信息共享平台

低空经济的快速发展依赖高效的信息交互和数据流通，构建一个多维度信息共享平台能够打破各环节之间的信息壁垒，提升飞行器运行、空域调度、物流配送和市场预测的精准度。信息共享平台通过整合各类数据资源，能够提供实时、精准的信息支持，使低空经济在复杂环境中实现高效

第四章
腾飞之翼：低空经济科技赋能

运作。

（一）信息共享平台的结构与数据整合

低空经济涵盖了飞行器运行、空域管理、调度以及城市空中出行诸多领域，各个环节都离不开准确的信息传递以及数据同步。构建信息共享平台需依托先进网络架构与数据管理体系来保证数据流通稳定安全。信息共享平台在结构上一般由数据采集层、数据传输层、数据处理层以及应用服务层组成，多层协同运作可以确保数据在整个采集过程中向应用过程中有效流转。

数据采集层负责采集飞行器的状态、空域的情况、天气信息和市场需求等多维度的信息，其来源涉及飞行器传感器、空域监测系统、物流平台和用户终端。准确的数据采集作为信息共享平台有效运作的基础，为后续数据处理与分析提供了完备的数据支撑。

数据传输层作为信息共享平台中最核心的一环，它决定着各系统间数据传输的效率与稳定性。低空经济所涉空域管理、飞行器调度、市场需求的满足等都要求高度协同，因此信息共享平台要有超低延迟与高吞吐能力，保证各方面都能在尽可能短的时间内得到最新的资料，以作出相应的正确的决定。先进通信协议、分布式存储技术和边缘计算架构等多种技术的综合应用，实现了数据在各系统间的有效流转，规避了"信息孤岛"现象的发生，提高了低空经济系统整体协同性。

数据处理层担负着数据整合、分析与优化等工作，其智能化数据处理能力决定着信息共享平台的精准度与实时性。低空经济所涉及的海量数据都需要通过深度分析来抽取有价值信息，如飞行器的运行效率、空域资源的利用率以及市场需求的变化趋势。将人工智能和大数据分析技术相结合，使信息共享平台可以自动识别出数据间关联性，提供智能化预测和优化方案，从而为各个环节的有效运作提供了强有力的支持。

应用服务层在信息共享平台和用户交互中发挥着关键作用，为用户提供可视化的数据展示，实现智能调度和资源分配优化，保障各环节参与者根据最新数据进行准确决策。空域管理者通过该平台可对空域的使用状况进行实时监测，物流调度系统可对飞行器的调度方案进行动态调整，城市空中出行平台可根据市场需求对飞行计划进行优化，信息共享平台多层级数据应用能力使低空经济各业务场景管理智能化。

（二）多维度信息共享的安全性与协同机制

低空经济中的信息共享平台虽然提高了数据流通效率，但也遇到了信息安全、数据隐私和跨平台协同的难题，如何确保数据安全、实现各系统间高效协同是构建信息共享平台的一个重要问题。

信息安全体系为信息共享平台提供了核心保证，低空经济涵盖了海量商业机密、飞行器运行数据和市场交易信息等重要信息，从收集、传输、存储和分析各环节都要保证信息的安全。高级数据加密技术、多层级访问权限管理机制和区块链技术等的综合运用，可以保证数据在流转的各个环节都不会遭到篡改和泄露。身份认证及权限管理机制保证了对数据的访问权限只局限于授权方，而区块链技术分布式存储的特点保证了数据可追溯性以及完整性，为低空经济信息安全问题提供了有力技术支撑。

跨平台协同机制对信息共享平台高效的数据流通具有重要意义。低空经济涵盖了众多产业，众多系统以及数据格式和传输协议等内容、应用接口的不兼容，容易造成"信息孤岛"现象，并影响整体协同性。建立标准化的数据接口和跨平台数据共享协议，实现了不同系统之间无缝的数据对接，保障了不同业务场景中信息的高效流转。低空经济中的信息共享平台需通过统一数据标准来支撑不同种类飞行器、空域管理系统和物流调度平

第四章
腾飞之翼：低空经济科技赋能

台等业务场景的数据对接，构建高效协同机制提高全产业链效率。

信息共享平台以实时数据共享为核心作用，低空经济业务场景需要信息能以毫秒级速度完成获取，分析与传递，保证了各环节决策都能根据最新的数据进行调整。飞行器调度、空域管理和物流配送等操作环节需依靠实时数据共享并将边缘计算和云计算技术融为一体，从而实现了对本地节点上数据的初始处理，对关键信息进行云端同步，共享全局数据。数据的实时性不仅保证了低空经济能够在复杂环境中平稳运行，也能提升整个产业链响应速度。

在复杂多变的市场环境与多样化的市场需求下，低空经济信息共享平台也要具备自适应优化的功能，能够自主学习与优化功能。人工智能技术的应用能使信息共享平台可以根据历史数据对市场趋势进行分析，自动对数据处理流程进行优化，从而提高了系统整体的运行效率。自适应优化能力使信息共享平台在面临不同业务需求时能对数据处理策略进行动态调整，从而达到更准确的数据支持。

第三节　产业集群助力低空经济快速发展

一、产业集群推动低空经济数字化发展

低空经济作为新兴行业，正处于快速发展的过程中，随着技术的革新和市场需求的变化，数字化发展已成为低空经济产业发展的必然趋势。

低空经济下的数据资源管理为数字化发展提供依据，涉及飞行器运营数据、空域调度数据、市场需求预测数据等诸多领域。产业集群所带来的数据资源整合能力与管理体系，成为驱动低空经济数字化发展的有效动力。低空经济各环节可以通过合作、资源共享等方式，将不同领域、不同渠道的数据进行有效融合，为决策提供精准依据，达到精细化管理。数据资源整合和管理既关系企业的运营效率，也直接关系产业链的优化和发展。以产业集群为平台进行资源集聚，使低空经济与技术、市场与政府之间能较好地衔接，以强化数据融合与资源共享，缩小"信息孤岛"，提升产业链整体效能。

低空经济涉及的飞行器实时状态、天气数据、地理信息数据、交通流量等均属关键数据，数据资源整合需要对这些关键数据进行高效存储与处理。产业集群能将技术平台和分析工具有机地结合起来，使这些数据可以在更短的时间内进行传递、加工和转换，从而形成宝贵的资料。产业集

第四章
腾飞之翼：低空经济科技赋能

群中企业和机构的联合，可以促进数据标准化和数据接口统一，减少技术壁垒，提高不同体系之间的兼容性、协同性。该数据资源整合体系的构建促进了低空经济整体运行效率的提高，并对各环节的协调发展起到保障作用。为实现对数据资源的有效管理，产业集群对构建技术平台起到至关重要的作用，利用云计算和大数据技术实现对数据的有效存储、共享和管理。这些技术手段可以帮助低空经济中各参与方对有关数据进行实时采集和处理，以达到优化运营流程、提高空域资源利用率、降低资源浪费等目的。该数据管理系统在提供实时决策支持的同时，可以通过对历史数据分析作出趋势预测，为今后业务发展及战略调整奠定基础，保障低空经济可持续良性发展。

对数据资源进行管理与分析也要依靠智能化技术，以提高作业效率。智能数据分析可以在庞杂数据中甄别关键信息，并对市场需求与环境变化作出快速反应，以增强低空经济竞争力。如通过数据分析平台可实时分析飞行器运行数据、货运需求及天气状况，有助于运营方精准调度并提高配送效率及市场响应速度。通过智能数据分析发现低空经济运行更准确，能在快速变化的市场下保持灵活性与适应性，从而避免过度调度或者资源浪费等问题，提高产业链整体协同效能。

数据资源整合与管理体系的作用和整合机制可总结见表4-1。

表4-1 数据资源整合与管理体系的作用和整合机制

体系构成因素	作用	整合机制
数据采集与存储	提供全面的数据来源，保证数据完整性与可用性	集中存储平台与分布式数据采集
数据清洗与处理	提高数据质量，确保数据的准确性和一致性	自动化清洗、标准化处理

续表

体系构成因素	作用	整合机制
数据共享与访问	增强数据的流通性,提高使用效率	统一接口、权限控制与共享协议
数据安全与隐私	保护敏感数据,确保数据安全性	数据加密、访问控制与审计机制

二、产业集群推动低空制造产业升级

低空制造产业的发展不仅依赖单个企业的技术创新和生产能力的提升,还需要产业集群的协同合作和资源整合。产业集群通过集聚区域内的先进制造技术、人才、资金、信息和市场等资源,促进低空制造产业的全面升级。

(一)产业集群促进低空制造技术创新与产业升级

低空制造产业升级主要依靠技术创新,其中产业集群起着必不可少的作用。集群中各企业、科研机构以及创新平台之间通过密切合作、资源共享来促进新技术的开发与应用。集群中的企业可以相互学习成功研发经验、共享技术创新成果,促进技术进步、加快新产品推广应用等。

低空制造产业技术创新涉及飞行器设计、材料科技和智能制造等多个领域。在传统生产模式中,企业通常是自主开展技术研发工作,但研发周期长、投资大。在产业集群协作模式中,集群内部各参与方可以分享科研成果并共同进行技术攻关。飞行器的设计与制造过程复杂,需要不断进行技术研发与创新,而集群内部企业与科研机构可以通过开展技术协同与协作来提高技术研发效率、缩短创新周期,以加快低空制造产业升级。

第四章
腾飞之翼：低空经济科技赋能

集群内的企业可以通过分享研发设备、测试平台及技术资源来降低设备投资及重复研发等成本，从而使技术创新在产业链上迅速普及。产业集群既可以通过技术合作来促进制造技术的发展，也可以通过企业之间的竞争来激发出更大的创新动力。集群内的企业对产品质量、生产效率和技术标准的追求，促进技术持续优化与升级，进而带动全产业技术水平的提高。

产业集群的建立也推动了低空制造行业的标准化进程。在低空制造技术不断进步、应用需求多样化的背景下，制定行业标准具有重要意义。集群内的企业与机构之间通过标准化合作促进产品设计、生产工艺及质量控制统一标准的制定，能有效降低技术壁垒，促进产业链协同发展。标准化技术的推广应用使低空制造产业可实现规模化生产应用，进而降低生产成本、增强行业竞争力。

伴随着集群内企业技术水平的提高，低空制造产业总体技术门槛逐步上升。企业技术创新与产品质量升级为低空经济提供更广阔的空间，使低空经济在增强行业技术自信与自主创新能力中迅速适应市场需求变化。

（二）产业集群优化低空制造产业的资源配置

低空制造产业的升级既要进行技术创新又要实现资源的有效配置。低空经济产业集群形成后，促进了本地区的资源整合和优化，使集群中的企业可以高效地进行资源共享，促进产业整体生产效率的提高和经济效益的增长。低空制造产业对资金、技术、人才、装备等资源要求较高，而所形成的产业集群则通过对这些资源的集中利用与配置来达到有效利用资源，达到促进产业不断升级的目的。

集群内的企业可以在研发、生产、市场等各方面进行资源共享。以生产设施为例，集群内的各企业可联合采用先进生产线及设备以减少设备投资及维护成本。从人才角度来看,产业集群可以提供更为丰富的就业与培训机会、吸引更多的技术人才与创新型企业参与其中,从而产生较强的人才集聚效应。通过在产业集群中整合资源、高效配置资源,低空制造产业可以增强生产灵活性、提高效率、降低运营成本,进而推动产业升级、实现高质量发展。

产业集群内部的资源共享也包含着市场资源。在传统制造模式中,企业经常会遇到市场开拓难、销售渠道窄的难题。然而在产业集群内部,企业可以利用集群内部原有的市场网络以及客户资源快速扩展销售渠道,提高市场占有率。在集群协同下,低空制造产业的市场份额会快速扩张,进而给企业带来较大发展空间。

第五章

合作共赢：
低空经济供应链协同

第五章
合作共赢：低空经济供应链协同

第一节 低空经济的供应链管理

低空经济为产业链型经济，具有多领域、跨行业、全链条的特点，其供应链也具有复杂性的特点。因此，要想助力低空经济的发展，就必须做好低空经济的供应链管理。

一、低空经济供应链的核心环节

低空经济的繁荣与高效协同的供应链体系密不可分。低空经济供应链的核心环节涉及原材料采购、飞行器制造、航电系统集成、物流配送以及售后服务等整个流程。其供应链体系既涉及众多产业和领域，又超越地理界限，要求供应链成员和功能的高度协同与集成。

（一）供应链上游：保障原材料采购

原材料采购作为低空经济供应链的开端，它的质量和成本控制对后续生产制造环节的效率与产品性能有着直接的影响。低空经济供应链需要大量的原材料供应商和制造商密切协作，建立起稳定的供应链协作关系，并通过集中采购和联合谈判，获得更优惠的采购价格和更实惠的原材料成本，同时确保原材料的平稳供应，避免由于原材料不足造成生产中断。以低空经济中非常重要的飞行器为例，其原材料，如碳纤维复合材料、高性能铝合金等，往往具有轻质、高强度、耐腐蚀等特性。这些原材料的采购需要企业具备精准的采购技能，能够根据产品设计和生产计划，合理确定采购数量和时间。同时，也需要与优质供应商建立长期合作关系，确保原材料的稳定供应和质量。

在低空经济的供应链管理中，要利用先进的信息化管理系统对原材料采购、库存和物流进行实时监测与优化，以便准确地把握原材料的库存，合理地安排生产计划，降低库存的积压和浪费。低空经济供应链要推动原材料采购供应管理向数字化和智能化转变，可以借助大数据和云计算等技术手段准确预测市场需求并优化原材料采购计划，引入物联网技术实现原材料库存实时监测和智能化管理，增强供应链响应速度和灵活性。

低空经济供应链同样强调供应链内各成员企业的长期协作和共赢，如通过技术交流和培训提高供应商技术水平和管理能力，合力促进供应链优化升级，在提高供应链稳定性和可靠性的同时，也为低空经济的快速发展打下坚实的基础。

（二）供应链中游：提高制造效率

供应链中游环节主要涉及产品的生产与制造。飞行器制造作为低空经济供应链中最核心的一环，其技术水平和生产效率直接影响着产品在市场上的竞争力与长期发展。在低空经济供应链中，许多飞行器制造商和航电系统集成商密切协作，共同构成一条完整产业链条，通过分享研发资源、生产设施和市场渠道等，可以使供应链成员企业优势互补，协同促进飞行器制造技术创新发展。就飞行器制造而言，低空经济供应链管理的重点在于提高生产过程的自动化和智能化程度，通过引进先进生产设备和制造工艺，达到精准控制和优化生产过程。企业可以借助智能制造技术来提高生产效率和产品质量、降低生产成本，采用集成化的生产模式实现飞行器各

第五章
合作共赢：低空经济供应链协同

个零件的协同工作和装配，提升产品整体性能和可靠性。就航电系统集成而言，低空经济供应链中成员的企业可以凭借其丰富的技术积累和经验，通过自主研发和合作创新为用户提供定制化高性能航电系统解决方案。这些解决方案涉及飞行控制、导航定位和通信传输等诸多领域，对飞行器的安全飞行和高效运营具有强大保障作用。

此外，低空经济的产品对安全性要求极高，供应链上的成员企业必须建立严格的质量控制体系，从原材料采购到零部件加工、整机装配，每个环节都要进行严格的质量检测，确保产品质量符合标准。例如，采用先进的质量检测设备和技术，对产品进行全生命周期的质量监控。同时，企业还需要建立质量追溯系统，对产品生产过程中的质量问题进行追溯和整改，确保产品持续的安全性和可靠性。

（三）供应链下游：优化运营与服务

低空经济供应链下游主要涉及供应链的运营与服务优化，如需要优化物流配送网络、提高配送效率，确保低空经济相关产品能够及时到达客户手中。例如，通过建立智能化物流配送系统，实现产品的实时跟踪和快速配送。同时，建立完善的售后服务体系，及时响应客户需求，提供产品维修、升级、保养等配套服务。例如，设立专门的售后服务团队，配备专业的技术人员和设备，为客户提供高效、优质的售后服务。

低空经济供应链应重视与下游成员企业和客户的密切协作及构建反馈机制。企业通过对客户需求和市场变化的深刻认识，可以适时调整产品策略和研发方向，以保证产品适应市场需求。例如，可以收集和分析客户数据，了解客户需求和偏好，为客户提供个性化服务。同时，通过提供高质量的售后服务与技术支持来提高客户满意度和忠诚度，从而为成员企业的长远发展打下坚实的基础。例如，利用大数据分析技术，对客户数据进行深度挖掘，了解客户的使用习惯和需求偏好，从而为客户提供更加精准的产品和服务。通过客户反馈系统，及时收集客户意见和建议，不断优化产品和服务，提高客户满意度。

二、低空经济供应链管理的难点所在

（一）供应商相对分散，管理难度大

在低空经济领域，供应商管理可能更为多样和复杂，因为涉及多种类型的产品和服务，如飞行器、传感器、通信设备等。如果供应商相对分散，缺乏集中的供应商主数据管理，将导致信息无法共享，增加了供应商管理的难度和风险。

（二）采购成本和效率问题

低空经济的采购过程涉及多个环节和多种文件，如采购招标公告、招标文件、中标通知、合同签署等，传统的人工方式处理会带来较大的工作量和低效率，如何降低采购和运营成本、提高供应链的效率，是低空经济采购供应链管理的一大痛点。

（三）多方协同和沟通困难

低空经济产业链由低空基础设施、低空飞行器制造、低空运营服务、低空飞行保障等多个板块构成，涉及众多行业和技术融合。由于不同板块之间的利益和需求差异，建立有效的协同和沟通机制对于整个供应链的顺畅运行至关重要。

（四）需求复杂和变化迅速

在低空经济领域，尤其是在eVTOL等新型航空器的研发和商业化过程中，涉及的技术和产品都较为新颖与复杂，导致供应链的需求变化相对迅

速、不确定性高,对供应链的预测和规划能力提出了更高的要求。

（五）风险和不确定性

低空经济领域存在诸多风险和不确定性,如技术风险、市场风险、法规风险,以及供应商的质量风险、交货时间风险、价格风险等,这些风险和不确定性对供应链的稳定性造成了威胁,要求供应链管理者具备较强的风险识别、评估和管理能力。

三、低空经济供应链管理的优化策略

低空经济供应链体系错综复杂,参与主体多,规模巨大,牵一发而动全身。为保证供应链畅通运行与高效协同,提高供应链整体效能、降低运营成本、提高市场响应速度和整体竞争力,需要采取系列优化策略。

（一）强化供应链信息化和智能化

在数字化时代,信息化和智能化是供应链效能提高的关键途径。对低空经济来说,强化供应链信息化和智能化建设既可以提高运营效率,又可以提升供应链透明度和可控性。

一是要建立一个完整的供应链信息系统。该系统应该覆盖从原材料采购、生产制造、物流配送直至售后服务等整个过程,并对信息进行实时共享和跟踪。通过先进物流管理系统、库存管理系统以及生产执行系统的导入,使企业可以实时了解供应链运行状况,发现问题及时解决。这些系统也可以通过数据分析对决策进行强有力的支撑,有利于企业运营策略的优化和运营成本的下降。

二是要促进供应链智能化升级。运用物联网、大数据和人工智能等先进技术对供应链进行自动化和智能化管理。企业借助物联网技术能够对飞行器运行状态以及位置信息进行实时监测,从而提高物流配送精准度以及效率;运用大数据技术能够准确预测市场的需求与供应情况,实现库存管理与生产计划的优化;利用人工智能技术则可实现供应链自主决策与优化调度并进一步提高供应链智能化水平。

三是应增强供应链参与各方信息共享和协同,通过搭建供应链协同平台使企业间无缝衔接、高效协同。该平台应该提供统一数据标准与接口规范以保证信息准确及时。还应加强供应链参与各方的交流和合作,共同解决供应链运行过程中存在的各种问题,促进整体效能的发挥。

(二)优化供应链结构和布局

供应链的架构和布局对于其效能有着显著的影响。为促进低空经济供应链整体效能发挥,需要优化供应链结构和布局。

一是要构建供应链层级结构合理,通过降低供应链层级、缩短供应链长度来减小信息传递延迟与失真风险。应加强供应链各层次间的交流与合作,以保证信息传递准确并作出及时反应。还应根据市场需求与供应情况对供应链的层级结构进行动态的调整,使之与市场的变化相适应。

二是要优化供应链地理布局,通过对原材料供应商、生产制造商、物流配送中心以及销售终端的供应链节点进行合理的布局,来减少物流成本以及时间成本。选择供应链节点时应考虑地理位置、交通条件、市场需求以及产业政策,以保证供应链有效运作,也应加强供应链上各个节点间的合作与协作,以达到资源共享、优化配置的目的。

三是要加强对供应链进行风险管理,通过建立健全风险预警机制及应急预案等措施,来减少供应链运行过程中存在的各种风险。应加强同供应商、客户和其他供应链参与方之间的交流和合作,以联合处理市场风险和突发事件以及其他不可抗力因素造成的冲击。通过对供应链结构及布局进行优化,能够增强低空经济供应链整体效能及抗风险能力。

四是在对供应链结构及布局进行优化时,应重点考虑供应链灵活性及可扩展性。市场在变化,科技在进步,供应链也需不断满足新的要求与挑战。所以在对供应链结构及布局进行优化的时候要充分考虑到未来发展趋势及需求的变化,以保证供应链有充分的灵活性及可扩展性。

通过强化供应链信息化、智能化建设,优化供应链结构及布局,可显著提高低空经济供应链整体效能及市场竞争力。这些战略既有利于降低运营成本、提高运营效率,又有利于提升供应链透明度与可控性,从而为低空经济可持续发展提供强有力支持。

四、低空经济供应链的发展方向

随着技术的不断进步和市场需求的持续增长,低空经济将迎来更大的发展空间。而供应链管理技能的不断提升将成为低空经济发展的关键之一,供应链成员企业需要不断学习和创新,掌握先进的供应链管理理念和技术,共同提升供应链的效率和竞争力。结合当前的发展,低空经济供应链主要会有以下两个发展方向。

(一)智能化供应链管理

未来,低空经济的供应链管理将更加智能化。通过引入物联网、大数据、人工智能等先进技术,可以实现供应链的智能化管理和优化。例如,利用大数据分析技术,对供应链中的数据进行深度挖掘和分析,实现精准采购、精准生产、精准配送。同时,通过物联网技术,实现供应链各环节的实时监控和信息共享,提高供应链的透明度和协同效率。

（二）绿色供应链管理

随着环保意识的提高，绿色供应链管理将成为低空经济供应链管理的重要发展方向。企业需要在原材料采购、零部件生产、整机制造、运营服务等各个环节，注重环保和可持续发展。例如，采用环保型原材料，减少生产过程中的污染物排放，提高资源利用效率。同时，通过优化物流配送网络，减少运输过程中的能源消耗和环境污染。

第二节 低空经济的物流网络优化

低空经济产业链链条长、辐射面广,牵动制造业、数字经济、新型消费等业态发展,蕴藏着推动产业升级、激发新业态的巨大潜能。为了更好地推动低空经济的发展,其物流网络的优化必不可少。

一、低空经济的物流需求特点

低空经济作为一个新兴产业,在物流需求方面表现出独有的特征,对于物流网络优化也有很高的需求。

(一)高效性和时效性需求显著

低空经济涵盖了多个领域,如无人机配送、航空物流、应急救援等,这些领域对于物流的高效性与时效性都提出了非常高的要求。以无人机配送为例,客户往往希望能够在短期内接收到商品,因此需要物流网络具有效率高、响应速度快等特点。在航空物流中,因为航空运输具有特殊性,所以对于商品在转运、装卸和仓储过程中的效率都有很高的要求,这样才能保证商品可以如期抵达目的地。在紧急救援情境中,时间即生命,如要求物流网络能在最短的时间内向灾区运送救援物资,从而为救援提供强有力的支撑。

为适应上述高效性与时效性要求，必须对物流网络进行系列优化，以保证商品能被迅速且准确地加工与配送。因此，一是必须有一个有效的储存与分拣系统；二是要优化运输路线及配送方案，以缩短运输时间、减少费用支出；三是要不断加强物流信息化建设，增强物流信息透明度与可追溯性，以实时了解商品的动态并对配送计划进行适时调整。

从另一个角度来看，在低空经济迅速发展的今天，无人机技术不断进步，低空物流的应用场景日益丰富，无人机的配送覆盖范围会越来越大，对于物流网络的响应速度以及配送效率都会有更高的要求。所以物流网络也要不断地创新与优化才能满足低空经济的要求。

（二）多样化和个性化需求共存

在低空经济下，物流需求既体现了高效性与时效性，又表现出多样化与个性化特点。不同领域、不同客户对物流服务提出了不同的要求，要求物流网络具有灵活性与可定制性。

例如，在无人机配送领域中，客户对于商品的包装、配送时间和配送地点会有着不一样的需求，如有些客户想让商品用特别的包装来保证安全，有些客户期则望商品能在某一特定时段到达。为适应这些个性化的要求，物流网络必须提供多种服务选项以使客户能够按需选择服务。就航空物流而言，各种产业和商品对于物流服务的要求是有区别的。如电子产品、生物医药及一些高精度、高价值的商品对物流环境、包装方式和运输方式提出了相对严格要求，而大宗商品则更加关注运输成本与效率的问题。所以物流网络需针对不同商品的特性及客户需求提供定制物流解决方案。

在低空经济日益发展的情况下，还会出现新型物流需求，如随着低空旅游和低空摄影这类新兴业态的出现，低空物流需求会逐步提升。这些新

第五章
合作共赢：低空经济供应链协同

兴业态在物流服务需求方面有其独特性与创新性，这就需要物流网络在服务模式上不断进行创新与优化来适应市场的需求。

为适应多样化及个性化物流需求，物流网络需增强与客户之间的交流和合作，洞察客户需求及期待，并提供定制物流解决方案。物流技术研发与应用需要不断加强，物流服务智能化与自动化水平也要不断提高，从而促进服务质量与效率不断提高。如通过引进物联网、大数据、人工智能等先进技术，对物流信息进行实时监控与智能调度，增强物流服务透明度与可追溯性；通过研发智能仓储系统、自动化分拣设备以及其他智能化设备，来提升物流作业自动化水平与效率。这些举措有利于增强物流网络服务能力与竞争力，对低空经济健康发展具有强大支撑。

二、低空物流的智能调度体系

低空物流的智能调度体系是提高物流效率、减少运营成本、强化服务质量的关键之一。在低空经济日益发展的今天，构建高效的智能调度体系已经成为产业发展的必然趋势和关键举措。

（一）智能调度体系的核心构成

低空物流的智能调度体系包括数据收集与分析系统、智能决策系统、执行与监控系统三个部分。

数据收集与分析系统为智能调度提供了依据，负责采集低空物流运行时的各种数据，主要有飞行器状态、商品信息、气象条件、空域管理状态等问题。通过大数据技术深入挖掘和分析这些数据，从而为智能决策提供数据支持。

智能决策系统构成了调度体系的关键部分，它依赖数据收集与分析系统所提供的数据，并采用尖端的算法与模型，对飞行器的路径设计、任务分派和资源调配等方面进行智能化决策。该系统能充分考虑飞行时间最小化、载货量最大化以及能耗最小化等多种约束条件与优化目标来制订优化调度方案。

执行与监控系统承担着把智能决策系统拟订的调度方案变成具体执行指令以及实时监控执行过程的任务。该系统通过与飞行器之间的通信接口向飞行器准确及时地传递调度指令，并在实时采集飞行器执行状态信息的前提下，及时应对并调整执行中的异常。

（二）智能调度体系的关键技术

低空物流的智能调度体系建设离不开系列关键技术的支持。

其中，物联网技术作为实现数据收集及传输的根本，可以紧密衔接飞行器、商品以及仓储设施等各个物流环节，达到实时共享及交互信息的目的。

大数据和云计算技术为数据的处理与分析带来了卓越的计算及存储性能。借助大数据技术能够深入挖掘与分析大量物流数据，并找出其背后所隐藏的规律与趋势。云计算技术则可以为智能调度系统提供弹性计算资源，以满足不同时段的计算要求。

人工智能和机器学习技术构成了智能决策系统的关键部分，通过对机器学习模型进行训练，可使机器学习模型具有自主学习、优化等功能，并能根据物流环境与需求的变化自动地对调度策略进行调整，从而提高调度效率与精度。

另外，地理信息系统技术在智能调度体系的构建过程中起到了至关重要的作用，其可为飞行器提供准确地理信息与导航服务，辅助飞行器规划最佳飞行路径，躲避障碍物与限制区域，保障飞行安全。

（三）智能调度体系的优势与挑战

低空物流的智能调度系统优势显著。一是可以显著提高物流效率，通过智能决策与路径规划缩短飞行器空驶时间与等待时间，提升货物运输速度。二是可以降低运营成本，并通过优化资源调度与任务分配来降低不必要的能耗与人力成本。三是可以提高服务质量，并通过实时监控及异常处理来保证商品的安全、正点到达。

但同时也应注意到，在低空物流的智能调度体系建设过程中也遇到了一定挑战，这主要涉及数据的安全性、隐私的维护、技术规范和标准的不一致性，以及与其他交通系统之间的合作问题等。要解决上述问题，还需政府、企业和科研机构等各个环节通力合作，加大技术研发与标准制定力度，促进低空物流智能调度系统的完善与发展。因为建设低空物流智能调度体系，是增强低空经济竞争力的关键之一。

三、低空物流的高效配送网络建设

低空物流中高效配送网络的构建是促进低空经济产业发展的关键基础设施之一。随着低空运载工具如无人机和电动垂直起降飞行器的迅速发展，建立一个与这些工具相匹配的高效配送网络已经成为业界的普遍共识。该网络的构建程度直接关系到低空物流的时效性和服务覆盖范围。

（一）高效配送网络的核心架构及作用

低空物流中高效配送网络的核心架构需要集成空中交通管理和地面枢纽节点两个主要模块。

空中交通管理模块的职责包括规划低空飞行路径、监测飞行器的运行状况，并在与其他空域发生冲突时进行协调，以确保飞行的安全性。如采

低空经济 乘风而起
产业集群多维赋能区域发展新引擎

用分层空域划分技术对低空区域进行不同高度层的分割，并分别进行短途配送和应急救援，以避免空域资源的竞争。

地面枢纽节点是商品集散和飞行器起降的核心设施，它需要具备快速装卸、充电维护和临时仓储等多项功能。以无人机配送为例，在地面枢纽上可以配置自动化货柜和智能分拣系统来高效中转商品。

低空配送网络具备的多模式联运的能力，能与地面运输及传统航空运输的优势形成互补。以偏远地区或者交通拥堵区域为例，低空配送网络使用的飞行器能够担负"最后一公里"的分配任务。尤其是当平面空间所承载的物流运输方式无法满足时，立体空间衍生而来的低空飞行在城市物流应用场景中逐渐展现出较大潜力。并且在长距离运输时，通过连接干线运输可以构建覆盖"干线运输—支线物流—末端配送"（简称"干—支—末"）的全链路低空物流网络。多模式联运能在提高配送效率的同时，也减轻了单一运输方式所带来的成本压力。

（二）技术支撑和基础设施建设

低空物流的配送网络能否有效运行，取决于许多关键技术能否取得突破性进展。一是通信和导航技术需要保证飞行器在城市复杂环境下达到厘米级的定位精度和低延迟的通信。以5G-A技术和北斗三号系统组合为例，该组合能够为飞行器实时提供高精度的位置信息和可靠的通信链路，以支持飞行器自主避障和集群协同作业。二是电池续航和快速充电技术对飞行器服务半径和作业效率有直接影响。新型能源技术如固态电池和氢燃料电池正在逐渐突破电池续航的限制，无线充电和换电设备的设计布局也进一步减少了飞行器在地面上的停留时长。

从基础设施建设来看，低空物流的配送网络需要优先配置三类设施。第一类是配置起降场和枢纽节点，需要结合城市空间规划，在商业中心、居

第五章
合作共赢：低空经济供应链协同

民区、产业园区或其他需求密集区域兴建小型起降场和自动化装卸设备。第二类是配置通信基站和导航增强系统，需要对低空飞行区域进行信号覆盖，以保证飞行中不存在信号盲区。第三类是监管与服务平台，需要将空域管理、飞行监控和应急响应有机结合起来，进行全过程的数字化管理。

织好低空基础设施"四张网"[①]

据深圳市交通运输局统计，截至2024年9月，深圳已开通载货无人机航线212条，2023年以来载货无人机飞行超90万架次，飞行规模全国领先。不过，空域资源申请烦琐、服务保障能力不足、尖端技术瓶颈仍待突破等问题，依然影响着低空经济的进一步发展。

2022年12月，深圳率先建设低空智能融合基础设施，打造低空基础设施的"四张网"——设施网、空联网、航路网和服务网，研发智能融合低空系统Smart Integrated Lower Airspace System，SILAS），为低空空域管理和运营提供数字化、智能化工具，向政府和管理部门提供决策支持。

其中，"设施网"包含支撑低空飞行业务的各类物理基础设施，如起降点、能源站等。这张网要解决的是资源共享问题，即有限的地面、空域和频谱资源如何共享共用。目前，深圳已打造多个低空运行试验区，完善设施网建设。

在低空飞行的飞行器中，是无人还是有人、是载人还是载物、

---

① 叶子. 广东深圳启动低空智能融合基础设施建设——打造低空经济"数字大脑"[N]. 人民日报海外版, 2024-09-20（8）.

是大中型飞机还是小微飞机……这些信息能否在系统中清晰可见?"空联网"要解决的就是监管部门对低空飞行器"看不见、呼不到、管不住"的安全基础问题。它将建设覆盖全域的通信、导航、感知等信息基础设施,让低空空域和飞行器信息全部数字化。

"航路网"的建设核心为低空操作系统,将为低空飞行服务和各类飞行提供保障,并为后续低空管理服务系统和应用拓展提供能力支撑。这张网主要解决"异构、高密度、高频次、高复杂度"低空飞行的安全、效率和成本问题。

在低空经济中,涉及大量监管、管理、资源、业务、运营等多主体、多业务的协同问题,如何提高管理效率?"服务网"将所有管理部门、飞行器运营商等多方主体纳入一个平台,可以提供满足监管平台一站式空域申请、飞行计划审批、飞行前确认等运行流程服务,以及地理、气象、地面人文、电磁、空中交通等相关信息服务等。

"深圳正不断加大公共服务供给,加快构建低空经济设施网、空联网、航路网、服务网;做好服务保障,帮助企业实现大规模商业化运营。"深圳市交通运输局低空经济专班相关负责人表示。

(三)网络优化与可持续性发展

低空物流的配送网络优化需要从路径规划、资源调度和能源管理三个层面着手。

在路径规划中,可以借助于人工智能算法并综合考虑实时交通数据、气象信息和订单需求来动态产生最优飞行路径,以降低能耗和时间成本。在资源调度上,需要借助智能调度系统来实现飞行器、地面设施和人力资源之间的有效协同，如根据订单分布情况对飞行器驻点进行动态调整，以避免资源闲置等。在能源管理上，则需要大力推广绿色能源的应用并优化充电策略，如利用峰谷电价的差异合理安排充电时间，或者使用光伏储能一体化设施以减少碳排放等。

配送网络的可持续性发展也需要注重网络的可扩展性、灵活性和经济性。一方面，需要运用模块化的设计理念使枢纽节点、通信基站以及其他设施能够按照需要进行快速的部署或者更新；另一方面，需要探索低成本的运营模式，如借助共享经济模式对社会闲置资源进行整合，或者引入第三方服务商介入网络维护等。

另外，公众接受度和政策支持对配送网络的可持续发展具有重要意义。可以通过科普宣传来提高公众对低空物流的认知水平，同时寻求政府对空域开放、基础设施建设和税收优惠的扶持，营造多方协同良性发展生态。

总之，低空经济高效配送网络的构建需要在技术、设施和管理多维度上协同发展，这不仅需要突破现有技术瓶颈和法规障碍，更需要为今后大规模应用打下基础。经过不断创新和优化，低空配送网络可望对城市物流体系起到重要的补充作用，从而促进低空经济向更高的发展水平迈进。

四、低空经济物流体系的降本增效策略

低空经济物流体系是一个新的领域，降本增效策略对促进产业的可持续发展具有重要意义。通过资源的优化配置、技术效率的提高和运营模式的创新，可以有效地降低企业的运营成本和提高企业的物流效率并提高市场竞争力。

低空经济 乘风而起
产业集群多维赋能区域发展新引擎

（一）技术创新驱动成本降低与效率提高

技术创新为低空经济物流体系的降本增效提供了核心动力。例如，在飞行器设计中，轻量化材料和模块化结构的使用可以明显降低制造成本与维修难度。利用碳纤维复合材料不仅有助于降低飞行器的整体重量，还能增强其续航性能并降低能源消耗成本，模块化的设计使飞行器部件能够快速替换和升级，减少维护时间和费用。从动力系统的角度看，电动垂直起降技术和氢燃料电池的技术进步，为低空物流带来了更为环保和高效的能源方案。与传统的燃油飞行器相比，电动飞行器在运营成本上可以减少30%~50%，其产生的噪声污染也相对较低，更加符合城市的实际环境需求。

相关的智能调度和路径规划技术，同样是降本增效的重点。利用人工智能算法和大数据分析可以对飞行路径进行实时优化，规避拥堵区域和恶劣气象条件的影响，缩短飞行时间和降低能耗。有数据显示，利用实时的交通信息和订单需求来进行动态路径规划的系统，能够将配送的效率提高超过20%。另外，集群协同技术还可以实现多飞行器编队飞行和任务分配等功能，进一步提高了资源利用率。无人机蜂群技术可以通过分布式决策和任务协同，来完成大范围商品的快速配送并减少单位配送成本。就地面设施而言，自动化和智能化技术的运用也是至关重要的。该自动化货站及智能分拣系统能够实现快速装卸和分拣商品，降低人力成本和错误率。自动导引车（Automated Guided Vehicle，AGV）与机器人合作的存储系统，能够将货物处理的效率提高超过50%。物联网技术能够实现对设备状态进行实时监测和预测性维修，减少了故障停机时间和维修成本。

技术创新驱动成本降低与效率提高的作用和实现机制见表5-1。

第五章
合作共赢：低空经济供应链协同

表 5-1 技术创新驱动成本降低与效率提高

创新因素	作用	实现机制
研发创新	提高技术水平，推动工艺优化	持续研发投入与技术迭代
先进材料应用	降低原材料成本，提升产品性能	新型材料研发与应用
数据分析技术	优化生产流程，减少资源浪费	大数据分析与优化算法
自动化技术	降低人工成本，提高生产效率	自动化设备与智能制造系统

（二）运营模式创新与资源整合

运营模式创新与资整合源也是低空经济物流系统降本增效的一种重要手段。

推广多式联运和协同配送模式可以进一步减少物流成本。低空物流与地面物流和传统航空运输可以形成优势互补，建立"干—支—末"一体化的物流网络。

共享经济的提出和平台化运营模式能够有效地整合社会闲置资源，并减少初始投资和运营成本，通过低空物流共享平台的建立，可以使企业对飞行器、起降场和仓储设施进行资源共享，从而达到规模化运营和成本分摊的目的。平台化模式能够促进供需双方精准匹配和资源利用效率提高。

供应链金融和保险服务创新能够为低空物流企业的发展提供资金支持与风险保障。考虑到低空物流行业的独特性，有能力的金融机构可以研发个性化的金融产品，基于订单数据的融资服务和飞行器租赁业务等，减轻企业的资金负担；保险公司则可以推出有针对性的保险产品，涵盖飞行器受损、货物遗失和第三方责任的风险，以减少企业的运营风险。

此外，优化政策和法规亦是降本增效之重要保证。政府可以采取简化审批流程、开放低空空域和给予税收优惠等措施，降低企业的准入门槛和运营成本。在某些区域，已经开始对3000米以下的低空空域进行试点开放,这为低空物流的进一步发展提供了必要的空间支持。标准化和规范化建设能够推动产业的良性发展,降低由于技术不兼容和规则不统一而增加的费用。

(三)管理优化与人才培养

管理优化和人才培养为低空经济物流体系降本增效提供了长远支持。

从企业管理层面来看,精益管理和数字化转型能够显著提高企业的运营效率。例如,精益管理理念的提出可以使企业优化流程、减少浪费、提高质量,六西格玛方法的应用可以减少货物损坏率和配送延误率。数字化转型可以利用数据来推动决策,从而达到对运营状况的实时观察和动态调节。以大数据为基础的运营分析系统可以确定成本浪费环节并给出改进意见。

供应链协同管理同样是降本增效的重点之一。企业通过增强与供应商、客户和合作伙伴之间的信息共享和协同作业,可以减少库存成本和缩短响应时间,使用供应商管理库存(Vendor Managed Inventory,VMI)模式可以降低库存积压和资金周转率,提高供应链的透明度,减少信任成本和纠纷风险。

在人才培养上,需要建立跨学科、多层次教育体系。低空经济物流涵盖了航空工程、信息技术和物流管理等诸多领域,需要培养出兼具技术和管理两方面能力的复合型人才。高等院校和职业院校都可以设置相关的专业和课程;企业则可以通过实习和培训来提高职工的技能;行业协会和科研机构也可以组织技术交流和合作,提高专业人才的能力水平,共同促进行业技术的创新和进步。

低空经济物流体系降本增效,需要在技术、经营、管理等多个维度上协同发展。经过不断创新和优化,低空物流可望达到成本降低和效率提高双重目的,从而为产业的快速稳步发展打下坚实的基础。

第五章
合作共赢：低空经济供应链协同

第三节 低空经济供应链的安全与风险管理

一、低空经济供应链的安全隐患分析

低空经济下的供应链安全和风险管理，是确保产业平稳发展的重点。伴随着低空经济的发展速度加快和技术复杂度的增加，其供应链所面临的安全隐患越来越突出，需要采取系统性的分析和管理措施进行处理。

（一）技术安全隐患

在低空经济供应链中，技术安全处于核心风险地位。飞行器制造过程中在动力系统、飞控系统和通信导航等核心技术上缺乏自主可控性会造成供应链"卡脖子"现象。以某款国产无人机为例，由于进口芯片中断供货而不得不停止生产，暴露了关键零部件对外供货的脆弱性。技术漏洞同样有遭到恶意利用的可能性，一旦出现黑客对飞行器控制系统的攻击、篡改飞行路径或者关闭安全装置等情况，将可能造成重大事故。

（二）合规和监管风险

低空经济供应链涵盖了航空管理、数据安全和环境保护等多个领域的规定，合规风险较大。例如，飞行器的适航认证标准的不一致会使产品不能进入特定的市场；数据跨境传输需要遵循各国隐私保护法规的规定，否则会面临大额罚款;对低空飞行活动监管的空白或者交叉,也会造成责任界定不清和经营混乱等问题。

国家监管政策的不确定性也加大了供应链风险,如某国突然对无人机监管政策的调整,造成了企业成本的增加;或者在一定区域内颁布新的空域管理政策以限制飞行器的运行范围,进而影响了相关业务的连续性。

(三)网络和信息安全风险

低空经济供应链对数字化和智能化技术的依赖性较强,存在明显的网络和信息安全风险。供应链中各个环节中的信息系统一旦出现漏洞,将可能出现攻击者移植恶意代码、盗用敏感数据或者破坏运营等行为。

物联网设备存在安全隐患问题尤其严重。飞行器、地面枢纽节点、传感器和其他装置如果没有安全防护,就可能受到侵犯而成为攻击"跳板",一旦黑客通过操控无人机群扰乱场站的正常工作,将可能引发公共安全事件。

另外,数据传输安全也不可忽视。低空经济依赖海量的实时数据飞行器的位置、气象信息和物流状态,如果数据传输协议有漏洞或者加密技术不完善,都会造成数据被泄露或者篡改。如果无人机物流企业客户订单数据被盗,将导致商业机密泄露和客户信任危机。

(四)环境影响和可持续发展风险

低空经济的迅速发展,可能会带来环境影响和可持续发展风险。如飞行器制造过程中的某些高能耗、高污染工艺和运行过程的碳排放等,可能会引起环保组织的关注和政策限制;电池的回收和废弃物的不当处理也会导致土壤与水源的污染,造成环境和可持续发展问题。低空经济供应链上的相应风险还可能来自对供应链合作企业的管理不当,如一家无人机企业电池供应商由于违规排放而受到惩罚,造成该企业声誉损害和供应链中断。

二、供应链的智能风险控制体系建设

供应链智能风险控制（以下简称风控）体系作为确保低空经济供应链安全平稳运行的核心基础设施，其重要性不言而喻。通过整合大数据、人工智能和物联网等前沿技术，建立全链条、动态化和智能化风险防控网络可以对供应链潜在风险进行有效辨识，评估和处置。基于技术集成和数据驱动的低空经济供应链智能风控体系，实现了对风险的预警、动态监控和协同化风险应对，对产业的快速发展具有系统性的保障作用。

（一）数据驱动风险识别预警机制

智能风控体系通过对供应链各个环节的数据源进行整合，这包括供应商资质、生产历史记录、物流路径以及客户反馈等，可以构建一个多维度的风险评估模型，以数据驱动实现风险识别预警机制。在这种预警机制下，企业可以构建全球供应商数据库，实时获得零部件的质量、交付的准时率、环保的合规性等信息，并对高风险的供应商进行自动标记，一旦出现异常情况，便会触发预警操作，让企业有足够的时间和空间来处理相应的风险。

使用物联网技术也能进一步提高风险感知能力。例如在飞行器制造中，传感器可监测设备运行状态、环境参数（如温度、湿度），一旦发现异常（电池过热，结构应力过大），立即上传至风控平台。例如，某家无人机企业部署了上千个物联网传感器后，故障响应时间由原来的几个小时缩短到几分钟。

在风险识别中，人工智能算法的应用非常广泛。例如，利用机器学习模型对历史数据进行解析，能够快速确定风险模式和关联规则；自然语言处理技术能够实现供应商合同、政策文件的自动解析，关键条款的抽取以及合规风险的评估；利用深度学习算法能够预测出市场需求波动给供应链带来的冲击。

预警机制要求具有实时性和分级响应能力。风控平台根据风险等级（如分为高、中、低等级别）推送预警信息，并建议应对措施。例如，当某个关键零部件的库存量小于安全阈值的时候，该系统就会自动产生补货订单，同时告知采购部门；如果供应商所处区域出现自然灾害，该平台会马上开始备选供应商的切换流程，以保障供应链运行的连贯性。

（二）动态监控实现智能决策支持

该智能风控体系能够采用动态监控的方式，对风险进行全过程跟踪。区块链技术可以保证数据的不可篡改和可追溯，如对商品的生产数据、物流信息等进行上链并形成透明化的供应链档案。实践证明，企业通过区块链技术实时共享供应商资质和产品检测报告，明显减少了信息不对称风险。

数字孪生技术提供了一个虚拟的供应链仿真环境，可以通过建立供应链数字镜像来仿真不同风险情景下的运行情况，并对应急预案进行优化。某企业应用数字孪生技术对某市机场无人机在配送需求剧增情况下出现的物流瓶颈进行了预测，并对仓储布局和配送路线进行了超前调整。

智能决策支持系统（Intelligent Decision Support System，IDSS）融合了多种数据源和分析模型，为企业管理层提供了基于科学的决策参考。当一个区域空域管制政策发生调整后，IDSS能够迅速分析其对飞行器运行的影响并建议航线调整方案或者客户沟通策略。例如，通过使用IDSS软件，某企业成功地将其政策响应效率提高了40%。IDSS还可以和业务系统进行深度融合，如在企业资源计划（Enterprise Resource Planning，ERP）系统中植入风控的规则，当采购订单产生后就会自动对供应商的风险等级进行校验；与财务系统的整合，则可以实现对资金流动异常的实时监测和欺诈风险的预防。

（三）协同化的风险应对和持续优化

智能风控体系注重对低空经济供应链上下游风险协同化处理，通过建立产业级风控平台实现供应商、制造商、物流商和客户之间信息共享与联合行动。例如，在某个低空经济联盟中设置风险共担的机制后，当某个成员企业遇到原材料短缺的情况时，可以由别的企业在该平台上进行资源协调，以共同确保供应链的稳定性。

在智能风控体系中，持续优化才是保持体系生命力最核心的举措。通过对风险事件的定期复盘、防控漏洞的剖析、算法模型和规则库的迭代，企业可以实现每个季度的风控复盘，对典型的风险案例进行汇总，并对预警阈值和处置流程进行优化。采用强化学习技术能使系统在实际应对效果上有所借鉴，促进决策准确性的提高。智能风控体系还需要与行业标准和法规要求相衔接，如把航空安全标准和数据隐私法规变成风控的规则，以保证合规性；参与拟定行业风控指南和促进供应链安全管理规范化工作。

协同化的风险应对和持续优化的作用与协同机制见表5-2。

表 5-2 协同化的风险应对和持续优化的作用与协同机制

风险应对因素	作用	协同机制
风险识别与评估	提高风险预警能力,减少潜在损失	多方合作与信息共享
风险分担与管理	降低单一方的风险压力,确保系统稳定运行	企业、供应商和政府的共同承担
动态优化	持续改进流程,提升风险应对能力	持续反馈与实时调整
资源共享与支持	提供跨部门资源,增强风险应对的灵活性	跨部门协调与集成化管理

供应链智能风控体系以数据驱动风险识别、动态监控和协同化应对等方式构筑低空经济多层次、立体化安全防线,在技术迭代和生态协同不断深入的背景下,智能风控是低空经济优质发展的重要支撑。

第四节　产业集群助力低空经济供应链安全

产业集群能从资源整合、协同创新和风险共担机制等多个方面显著增强低空经济供应链的安全。通过地理集聚和产业生态构建可以有效减少产业集群受到的外部冲击影响，同时优化集群内资源配置，提高其风险应对能力。

一、地理积聚和资源整合效应

产业集群地理积聚特性增强了低空经济供应链的抗风险能力。制造企业、供应商、研发机构及物流服务商等聚集于某一地域，构成了物理空间中的产业集群。在一个低空经济产业园中，飞行器制造商、零部件供应商和检测机构都是毗邻布局的，当某个企业因为突发事件而停止生产时，别的企业就可以迅速配置资源来弥补不足。

资源整合效应主要表现为在产业集群中共享基础设施和公共服务。在产业集群里可以共享实验室、检测中心和物流枢纽，能在提高整体效率的同时减少单个企业的运营成本。例如，在一个集群中搭建的通用航空材料检测平台就为众多企业提供了低成本和高效率检测服务，降低了由于检测延迟而造成供应链中断的风险。

地理上的集中也有利于信息的快速流动。企业之间通过面对面的交流、行业会议及数字化平台等方式，能够实时分享市场动态、技术进展及风险预警等信息。例如，某低空经济产业集群线上平台，每天都会对原材料价格、库存水平及物流状态等信息进行更新，以辅助企业对采购计划进行预先调整。

二、协同创新和技术的自主可控

产业集群能以协同创新的方式减少供应链的技术风险。产业集群内的企业、高校和科研机构可以联合开展关键技术攻关项目，降低对外技术依赖，实现自主品牌和技术的研发，减少由于进口关键原材料中断供应而引发的供应链危机。

技术的自主可控也表现为标准的制定和认证体系的建立。集群中的龙头企业牵头或者参与行业标准的制定，能够促进供应链上下游技术的兼容和质量统一。例如，某产业集群与行业协会共同建立了无人机电池安全标准并要求各供应商遵守，可以有效降低由于标准不同而导致的质量事故发生率。

建设创新生态，低空经济供应链的韧性也将进一步提升。产业集群中的孵化器、加速器和风险投资机构通过支持初创企业，助力发展替代性技术和产品。例如，某个低空经济集群孵化器中扶植了数家固态电池企业，以提供新的飞行器动力解决方案并分散传统锂电池的供给风险。

三、风险共担，构建应急响应机制

产业集群以风险共担机制来分散低空经济供应链的风险。集群中的企业可以通过战略联盟、交叉持股或者签订联合采购协议等方式，来联合处理市场波动和突发事件。例如，在某个低空经济集群中，有五家公司建立了风险共担基金。当某家公司因为突发自然灾害而不能按时交付订单时，其他的公司会按照事先约定的比例共同承担损失，并帮助恢复正常生产。

产业集群还可以运用数字化工具，提高应急响应效率。集群内的供应链管理系统能够集成实时数据监控与预警功能，一旦发现异常（如供应商发货推迟、物流出现中断等），将立即触发应急流程。例如，某个低空经济平台供应链管理系统发现某个区域物流停滞后，会自动建议备选运输路线或者中转仓。

四、政策协同，优化生态

产业集群以政策协同强化低空经济供应链的安全性。产业集群所在的地方政府和行业协会通过共同推出税收优惠、研发补贴及人才引进计划等扶持政策，可以有效降低企业运营成本和增强企业抗风险能力。例如，某个低空经济集群所在的政府给予了"供应链安全专项补贴"等优惠政策，以激励企业创建必要的冗余产能和备份供应商。

优化生态具体表现为保障低空经济供应链的完整性。产业集群以补链、强链和延链等方式降低对外部供应链的依赖程度。补链，即识别并填补产业供应链中的关键环节空白，通过引入缺失环节的企业或自主培育相关能力，实现产业链的完整闭环。强链侧重于对现有产业链中关键环节和优势环节的强化，通过技术创新、质量提高、品牌建设等手段，增强产业链的核心竞争力，使产业集群在全球产业链中占据更有利的地位。延链是指在现有产业链的基础上，向上下游或相关产业领域延伸拓展，形成多元化的产业格局，从而分散经营风险，增强产业集群的抗风险能力。例如，为了解决对某些低空飞行器关键零部件严重依赖进口、外部供应链的不稳定极大制约了产业发展的问题，国内部分产业集群通过政策引导与资金扶持，吸引芯片设计与制造企业入驻，同时鼓励本地企业与高校、科研机构合作开展技术攻关。经过多年努力，成功填补了部分关键环节的空白，构建起了从原材料供应、零部件生产到整机制造、售后服务的完整产业链，有效降低了对国外供应链的依赖，增强了产业的自主性与稳定性。

产业集群凭借地理集聚、资源整合、协同创新、风险共担、政策协同等举措，为提高低空经济供应链的安全性提供了有力支撑。在未来的发展中，充分发挥产业集群的作用，不断完善产业集群生态，将是保障低空经济供应链安全稳定、推动低空经济持续健康发展的关键所在。

第六章

展望未来：
低空经济面临的挑战与发展建议

第六章
展望未来：低空经济面临的挑战与发展建议

第一节　低空经济面临的挑战

低空经济作为新兴经济形态，在带来诸多发展机遇的同时，也面临着一系列严峻挑战。这些挑战涵盖基础设施、技术、市场以及管理等多个关键领域。

一、基础设施建设方面

通用机场可谓低空经济中最重要的基础设施。我国通用机场的建设虽然进入了快速发展阶段，但总体数量仍偏少且分布不均，在一定程度上制约了低空经济的蓬勃发展。据中国航空器拥有者及驾驶员协会（Aircraft Owners and Pilots Association of China，中国AOPA）通用机场研究中心统计，截至2024年12月31日，全国在册通用机场已达475个，其中取得通用机场使用许可证的机场111个，通过通用机场信息管理系统完成备案的机场（B类通用机场和仅供直升机起降的A类通用机场）364个。2024年全国通用机场数量较2023年同比增加26个，同比增长率5.8%；较2022年同比增加79个，同比增长率19.0%[①]。

[①] 中国AOPA通用机场研究中心. 年度盘点 | 2024年全国通用机场数据简报[EB/OL]. （2025-01-22）. https://mp.weixin.qq.com/s?__biz=MzIwMDE1NDk4MQ==&mid=2649552612&idx=1&sn=434c34de4a3fc7253b9478619aeb1699&chksm=8fe9ff1c3ee0e9e514bf6b1cf69c350eed2a2ac2bf7ba3c330678768311988bbffc5664e6c8b&scene=27.

低空经济　乘风而起
产业集群多维赋能区域发展新引擎

全国不同地区的通用机场数量分布差异较大。截至2024年12月31日，中南地区通用机场数量最多，达113个，占比为24%。中南地区在2024年通用机场数量新增18个，增速明显，至此成为全国通用机场数量最多的地区。其他地区的通用机场数量增幅不大。具体如图6-1、图6-2所示。

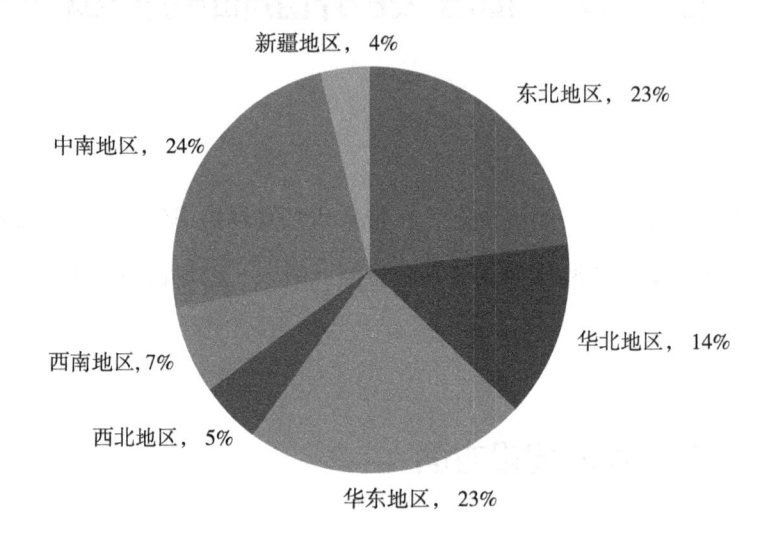

图 6-1　2024年全国通用机场数量地区占比

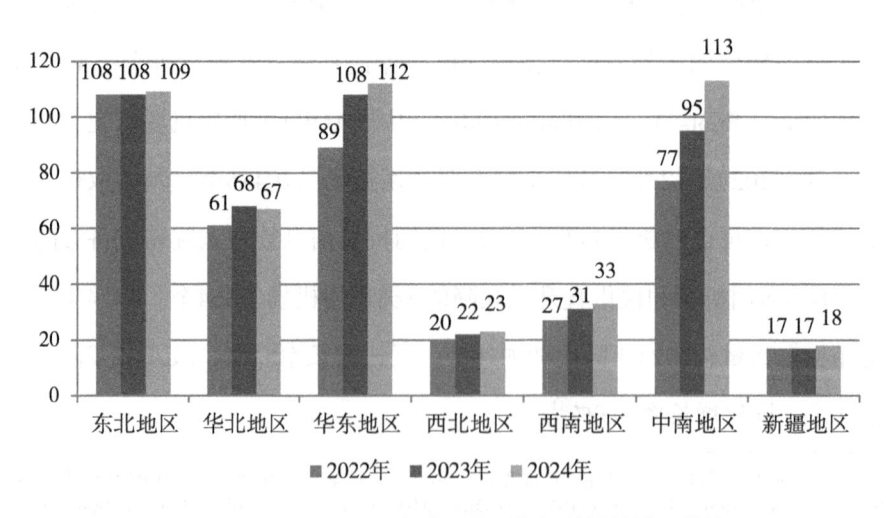

图 6-2　2022—2024年全国通用机场数量按地区统计

二、低空空域资源使用方面

低空经济发展要求低空空域资源顺利转化为可配置的经济资源。低空空域资源转化要求实现空域资源可计算、加速空域管理改革，以及提供充足的低空空域服务。当前，尽管我国低空空域管理已取得初步进展，但面对大规模商业应用需求，管理水平仍有待进一步提升，我国空域确权与可计算空域也需不断完善。

具体而言，一是目前已出台的法律法规在空域使用方面的规定较为笼统，缺乏具体的操作指南，导致企业在实际操作中难以准确把握法律法规的要求，容易陷入法律纠纷和争议。二是我国低空空域的划分与使用尚未形成全国统一标准，不同地区的空域使用规定可能存在差异，导致企业在跨地区运营时面临复杂的法律环境。例如，深圳宝安区允许无人机在划定的物流航线上通过简化报备程序实现常态化飞行，而许多城市仍要求逐次审批。三是企业在申请空域使用时可能涉及民航、空管、军航等多个部门的审批和协调，审批周期较长，审批过程中可能存在信息不对称、沟通不畅等问题，进一步增加企业的法律风险。

目前，全国通航低空空域使用率不足30%，在地域上也呈现出分布不均、未能成网连片的状况。在东部沿海经济发达地区，通用机场相对密集些，但空域资源稍显紧张，而在中西部地区，尤其是重点区域覆盖率不足，大片区域内通用机场寥寥无几。在一些偏远地区，通用机场的稀缺更是成为当地低空经济发展的"拦路虎"。如某些山区，当地虽然拥有得天独厚的自然风光，极具开发低空旅游项目的潜力，却因缺乏合适的起降场地，直升机、小型飞机等难以入驻，低空旅游项目始终难以规模化运营，白白浪费了丰富的旅游资源。

《国务院办公厅关于促进通用航空业发展的指导意见》指出，我国低空空域管理改革进展缓慢。《低空飞行服务保障体系建设总体方案》指出，我国低空飞行服务保障体系建设相对滞后，服务保障能力严重不足，无法满足低空空域有效开发利用的需要，难以为通航发展提供有效支撑，亟须加快体系建设和能力建设。

三、技术创新支持方面

随着低空经济在全球范围内的快速发展，我国低空经济面临着前所未有的机遇和挑战。尽管我国在低空飞行器的应用和市场推广上取得了显著进展，但在核心技术、产业化能力和自主创新方面，仍然存在较大差距。特别是在技术成熟度、核心技术壁垒等方面，低空经济的发展依赖于关键技术的突破和自主研发能力的提高。

（一）技术成熟度不高

我国低空产业目前的技术成熟度仍较低，尤其在关键技术和核心设备的自主研发上存在较高的对外依存度。这种情况在航空器制造、电池技术、智能控制系统等方面表现得较为突出，尤其是在低空经济新兴领域，如eVTOL等，面临较大技术挑战。以航空发动机为例，尽管我国在航空发动机的研发上有一定进展，但依然存在对外依赖的情况，许多核心技术如航空发动机的设计和制造技术、航电系统（航空电子设备）等仍依赖于进口。由于我国目前尚未完全掌握这些技术，在高性能航空发动机的设计和制造能力上偏弱，国内低空飞行器的整体性能和技术水平受到了限制，在飞行器的稳定性、耐久性和安全性方面的提升上，也依赖国外技术较多。

第六章
展望未来：低空经济面临的挑战与发展建议

电池技术的进展是影响低空飞行器特别是eVTOL研发进程的重要因素。eVTOL作为一种新型飞行器，其设计和应用对电池的能量密度与充电效率要求极高，然而国内在锂离子电池、电池管理系统和充电技术等方面尚未达到国际先进水平。我国目前的电池技术在能量密度、充电速度、寿命等方面存在较大的提升空间，这使我国在eVTOL和其他低空飞行器的研发中面临着技术瓶颈，导致这些飞行器的市场化和产业化进程受到较大影响。若无法突破这些技术瓶颈，国内低空产业的研发将难以与国际市场竞争，进而制约我国低空经济的快速发展。

低空经济涉及的其他领域，如自动驾驶技术、空中交通管理系统、飞行控制系统等也面临技术成熟度不高的问题。自动驾驶技术在低空飞行器中的应用对于飞行安全性至关重要，但现有技术仍需解决飞行路径规划、避障、故障恢复等问题。而空中交通管理系统的建设则需要依赖更加成熟的智能算法、卫星通信技术和大数据处理能力，这些技术的进展快慢决定了低空飞行器能否在未来的复杂空域环境中安全、高效地运行。

综上可知，我国低空经济面临的技术成熟度不高的主要问题包括核心技术依赖进口、国内关键部件研发不足、飞行器性能和稳定性有限等。这些问题的解决需要加大研发投入，推动国内技术突破，并加强与全球领先技术的合作，逐步提高我国低空经济的自主创新能力。

（二）核心技术壁垒较多

低空产业的核心技术壁垒是制约我国低空经济快速发展的另一大挑战。我国低空产品的核心零部件仍然严重依赖进口，特别是主控芯片、智能仪器仪表、传感器等关键元器件。尽管我国在无人机制造方面已经获得了较大的市场份额，但与国际先进水平相比，仍然存在明显差距，特别是在高端产品研发和生产方面。

低空经济 乘风而起
产业集群多维赋能区域发展新引擎

以无人机产业为例,国内无人机在主控芯片、飞控系统、智能传感器等关键技术上依赖进口,导致我国的无人机产品在高精度、高稳定性、高负载等方面尚显不足。主控芯片是无人机系统中的核心部件,负责整个飞行器的指令控制、数据处理与传输。国内对于主控芯片的研发能力相对较弱,多依赖国外技术,导致在飞行器的精度和稳定性方面无法与国际先进水平的产品相比,这限制了我国无人机在高精度测绘、应急救援等高要求场景中的应用。

精密元器件和传感器技术的壁垒同样存在。无人机所需的高精度传感器,如GPS、激光雷达、红外传感器、图像识别摄像头等,直接影响着无人机的飞行精度和安全性。这些传感器的研发和制造技术相对复杂,要求具有较高的技术门槛,而我国在这些技术领域的自主研发能力尚不足,市场上大部分精密元器件仍依赖进口。这使得我国的无人机产业在高端市场的竞争力不足,难以在高精度任务如应急救援、边境监控、灾后重建等应用场景中与国际领先水平抗衡。

更进一步,在低空飞行器的性能和安全性方面,现有技术也面临许多难题。无人机的续航能力是一个关键问题,尤其是在长时间、高强度的飞行任务中,现有的电池技术和能源管理系统无法满足高效飞行的要求。飞行器的避障能力、降噪技术、安全防护等技术要求也在不断提高,现有技术尚无法完全解决这些问题。无人机的飞行控制系统,虽然经过多年发展,已经具备一定的自主飞行能力,但在复杂环境下的自主决策能力和系统容错性依然存在较大提升空间。

低空飞行器与地面服务系统之间的技术壁垒也不容忽视。大部分低空飞行器的通信系统仍依赖单点连接,无法实现多点、动态、实时的信息传输,这对低空飞行器的灵活性和自主性造成了很大影响。随着低空经济的发展，低空飞行器与地面系统的集成、协同作业能力需要进一步增强，现有的通信技术和信息管理系统尚未满足大规模应用的需求。

我国低空经济的发展面临技术成熟度不足和核心技术壁垒较多的问题，特别是在关键技术、核心部件和飞行器性能方面的依赖进口问题，在一定程度上限制了国内低空经济的快速发展。要解决这些问题，就必须加强基础研究、突破核心技术、提升产业链的自主创新能力，推动低空经济从技术引进向自主研发转型，最终实现高效、智能、可持续的发展。

四、法律风险方面

（一）航空器适航与运营方面

根据《中华人民共和国民用航空法》等现行法律规定，民用航空器合法设计、制造并投入使用需要取得三项合格证，即型号合格证（Type Certificate，TC）、生产许可证（Production Certificate，PC）和适航证（Airworthiness Certificate，AC）。对于飞行汽车而言，因其陆空两栖通行的特点，除上述航空器适航取证外，还需满足相关机动车安全技术标准并取得合格证。

在"适航三证"中，型号合格证审定过程最为复杂、耗时最久。对于eVTOL等新型航空器而言，因我国尚未建立统一的适航认证标准，目前采取"一事一议"的方式，即针对每一项目或产品独立制定适航认证标准。若航空器未能通过适航审定，则无法合法运营，进而影响企业的业务开展和经济效益。同时，新出台的适航领域法律法规、行业标准、产业政策等也可能造成限制，进一步增加企业的法律风险。

在运营方面，根据《通用航空经营许可管理规定》等规定，一般情况下，从事经营性通用航空活动的有人驾驶航空器经营企业应申请通用航空经营许可证和运行合格证；无人驾驶航空器经营企业应申请民用无人驾驶航空器运营合格证。若企业未能取得合法经营资质或技术能力不达标，可能面临行政处罚或法律诉讼；若企业未能严格遵守飞行员、机组人员等资质管理和培训考核相关规定，一旦发生飞行事故，将面临更为严重的法律责任。

（二）知识产权方面

在低空经济的快速发展过程中，知识产权保护对企业的竞争力至关重要。低空经济涉及的技术和产品领域包括无人机、航空器及其零部件的研发、生产、销售等，这些活动往往涉及大量的专利技术、软件开发、地图制作以及产品设计等内容，因此，知识产权的保护和管理对于企业的创新发展至关重要。企业若未能及时申请知识产权保护或存在侵犯他人知识产权的行为，会面临重大的法律和经济风险。

低空经济的核心技术之一是无人机和航空器的设计与制造技术。随着行业的迅速发展，越来越多的企业投身于低空飞行器及其零部件的研发，这些技术往往涉及许多创新性元素。专利保护作为一种重要的知识产权形式，能够帮助企业确保其技术成果不被未经授权的他人使用，从而维护市场竞争力。如果企业在研发过程中未能及时申请专利保护，将面临丧失获得专利权的风险，这意味着其他企业或个人可以直接复制其创新成果，造成知识产权流失，并严重影响企业的市场份额和盈利能力。

低空飞行器的关键技术，如飞行控制系统、动力系统、传感器、导航技术等，都是高技术密集型领域。如果企业未能为这些技术及时申请专利，那么这些技术就没有法律保护，竞争对手会通过模仿、改进或复制技

第六章
展望未来：低空经济面临的挑战与发展建议

术产品，快速进入市场，从而导致原企业失去技术优势和市场领导地位。如果企业未经授权使用他人的专利技术，不仅会面临高额的专利侵权赔偿责任，还会遭遇行业内的信誉损失和法律诉讼风险，低空经济企业必须重视专利申请和专利保护，确保在技术研发和产业化过程中，及时注册专利，以获得相应的技术保护。

除了专利外，低空经济企业在软件开发、地图制作、产品设计等领域也涉及著作权问题。在低空飞行器的研发过程中，软件系统的开发尤为重要。飞行器的控制系统、导航系统、数据传输系统等大多依赖定制化的软件程序。无人机的飞行控制软件、图像处理软件、航迹规划算法等，均为企业技术和创新的核心组成部分。企业若未能及时为这些软件程序申请著作权保护，就面临他人抄袭、盗版、盗用的风险；若未经授权使用他人著作权作品，企业也会遭遇著作权侵权诉讼，造成经济损失和声誉损害。低空经济中的地图制作也涉及著作权问题。低空飞行器的导航系统往往需要依赖精准的地图数据，尤其是在进行城市飞行或高精度测绘时，涉及的地图和地理信息数据的版权问题也需要企业特别关注。若企业使用未经授权的地图数据，会面临版权方的法律追诉，企业不仅要保护自己的软件和设计作品，还要确保使用合法的第三方软件、地图和设计资料，以避免侵权风险。

商标作为企业品牌识别的重要组成部分，在低空经济中同样至关重要。随着低空飞行器产品种类和市场的多样化，企业通过商标来识别、区分自己与竞争对手的产品和服务。品牌的建设和商标的使用是企业长期发展的核心战略之一。低空经济企业在品牌推广过程中，若未经授权使用他人注册商标或侵犯他人商标权，企业将面临巨额赔偿和市场信誉的严重损害。商标侵权不仅会影响企业的品牌形象，还会导致市场份额的下降。如果一个低空飞行器制造企业在未经授权的情况下使用了已经注册的商标，原商标所有者可以通过法律手段要求停止侵权行为并赔偿损失。为了避免这种情况，低空经济企业应及时注册自己的商标，并且在品牌推广和市场营销过程中，确保使用的所有商标和标识都具有合法的知识产权保护，以免触犯相关法律规定。

除了技术、产品和品牌的知识产权保护外，低空经济企业还需特别关注内部管理中的知识产权问题，尤其是与核心技术人员之间的法律风险。企业在招聘、培训和管理核心技术人员时，必须确保与技术人员签订合理的保密协议、竞业禁止协议等法律文件，以确保技术成果的所有权不发生争议。如果企业未能与核心技术人员明确约定知识产权的归属或未签订有效的保密协议，会在员工离职后面临技术泄密或技术流失的风险。若核心技术人员在企业任职期间没有妥善处理与前任雇主签订的保密协议或竞业禁止协议，也可能会造成法律纠纷，并对企业的技术创新和市场竞争力造成负面影响。

低空经济企业必须高度重视知识产权的保护和管理，确保及时申请专利、著作权和商标保护，避免侵权行为的发生。企业还需要加强内部管理，特别是在核心技术人员的管理方面，防范知识产权归属和技术泄漏风险。通过建立完善的知识产权保护体系，低空经济企业能够在激烈的市场竞争中保护自己的创新成果，维护企业的长期发展和市场地位。

（三）飞行安全与侵权责任方面

飞行安全是低空经济企业持续运营的关键问题，尤其是随着低空飞行器的数量增加和应用场景的不断扩展，飞行器的安全问题以及因飞行器产生的侵权责任将成为行业内的重要议题。在低空飞行器的研发、制造和运营过程中，企业必须关注安全管理体系的建立和完善，以确保飞行器的安

第六章
展望未来：低空经济面临的挑战与发展建议

全性和运行合规性，减少因安全问题而产生的法律责任和经济损失。

飞行安全管理体系的建设对于低空经济企业至关重要，尤其是针对飞行器侵权损害的责任认定。尽管我国尚未就低空飞行器的侵权责任出台专门的法律规定，目前仍适用《中华人民共和国民法典》中的一般侵权责任条款，但如何界定飞行器在飞行过程中可能产生的侵权责任仍是一个业界需要关注的重点问题，企业需要积极建立健全安全管理体系，确保在飞行器的设计、制造、运营、维护等各个环节中，都能够严格遵守安全标准和操作规程，降低因飞行器问题引发的侵权风险。

对于低空装备制造企业而言，安全管理体系需要涵盖飞行器的全过程，包括设计、生产、测试、使用和维护等环节。在设计阶段，企业应当根据国内外安全标准进行严格的设计方案审查，确保飞行器能够满足安全、稳定的要求；在生产阶段，企业需要建立严格的质量控制体系，确保生产的每一架飞行器都符合安全要求，减少生产缺陷引发的安全事故；在飞行器的运行阶段，企业必须制订详细的安全操作规范和应急预案，确保操作人员能够应对发生的突发情况；企业还应当定期对飞行器进行维护和检修，保持飞行器的良好运行状态，避免由于设备老化或故障导致的安全问题。

飞行器在运行过程中，若发生安全事故或侵权事件，企业将面临责任追究。我国对于低空飞行器的侵权责任尚未有专门的法规，通常会依据民法典中的侵权责任条款来进行处理。这使得企业的责任认定在某些情况下存在模糊性，进而引发法律纠纷和经济赔偿。在这种情况下，企业应当主动建立风险管理体系，确保在飞行器运营过程中能够有效规避安全风险，防止出现飞行器在空中与其他物体或人员发生碰撞的情况，或者飞行器在执行任务过程中出现故障导致损害他人财产或人身安全的事件。

飞行安全不仅是低空经济企业正常运营的基石，也是企业合法合规运营的前提。低空飞行器的安全管理体系必须从设计、制造、运行、维护等环节入手，确保飞行器的安全性和可靠性。通过建立健全的安全管理体系，低空经济企业能够有效减少飞行安全事故，降低因侵权责任产生的法律风险，确保企业的可持续发展。

五、数据安全与隐私保护方面

低空经济的发展极其依赖大数据和数字技术，低空航空器在运行过程中，可能会收集大量超出实际业务需求的敏感数据。例如，用于物流配送的无人机，除了采集飞行路线、货物信息等必要数据，还可能在不经意间收集到飞行区域内的地理信息、人员活动等敏感信息。这些地理信息可能涉及军事禁区、国家关键基础设施周边等重要区域，一旦被恶意利用，将对国家安全造成严重威胁。因此，数据安全和隐私保护问题也是低空经济企业必须重点关注的风险。

数据采集设备本身可能存在安全漏洞。部分无人机、飞行器的传感器等采集设备，在设计和制造过程中可能因技术缺陷或安全防护不足，被黑客攻击。黑客可以通过植入恶意程序，篡改采集数据，使低空设备获取错误信息，进而导致飞行事故或业务决策失误。例如，篡改无人机采集的地形数据，可能使其在飞行过程中遭遇碰撞风险。

企业在收集和处理数据过程中必须遵守相关法律法规和政策要求，制定严格和健全的数据安全管理制度，采取必要的数据安全管理措施，对数据加密存储和传输，建立数据备份和恢复机制，对数据进行分类处理和使用，对访问和操作数据的人员进行权限管理和保密培训等。

第六章
展望未来：低空经济面临的挑战与发展建议

涉及私人领域和个人隐私的应用场景，关注重点主要为企业数据的收集和使用是否合法、正当、必要，处理涉及个人隐私的数据是否提前获取数据主体的明确授权等；如企业运营活动涉及低空测绘、城市管理及其他政府服务场景的，其采集和处理的数据更可能涉及国家秘密，数据合规和保密要求相对更高。

六、管理体系方面

（一）产业链协同发展机制缺失

低空经济是一种跨领域、多场景、全链条的综合性新兴业态，理论上需要飞行器研发制造、航空运营、空域管理、通信导航、数字平台、金融保险、教育培训、维修保障等环节在同一张"链网"上同步演进，方能形成"研发—制造—运营—服务—再制造""的闭环。但在现实推进中，各环节仍存在"点状突破、链条断裂"的局面：上游企业侧重技术攻关与产能扩张，对下游应用场景理解不足；中游运营主体缺乏向制造端的技术反馈机制，也难与保险、融资租赁等增值服务形成系统对接；而物流、农林、文旅、应急等下游场景由于商业模式尚未成熟，需求端数据无法及时回流，导致供需错配、规模效应难以显现。

其根本原因在于缺乏国家层面的产业链协同发展机制。一是协同治理平台缺失。现有的通用航空、无人机产业联盟多为自发组织，缺少政府牵头的跨部门、跨地区、跨所有制常设协调机构，对产业链分工、技术路线与发展节奏缺乏顶层设计。二是协同标准缺失。各省在无人机接口、eVTOL充换电、网络与空管数据格式等方面仍存在"各自为政"的局面，企业进入异地市场需重复适配，增加边际成本。三是协同保障缺失。人才培养、知识产权保护、投融资配套、保险赔付、数据安全等公共服务供给不足，中小企业难以承担高昂的试飞、认证、合规成本，制约了产业链纵深延伸和生态集聚。

其破解之道主要有以下几点：应以"国家低空经济协同促进中心"为枢纽，建立跨部委共商机制，搭建动态数据库与供应链地图；以"核心企业＋联合创新体"模式示范，推动标准先行、技术联测、数据互认；设立专项基金补贴场景示范、认证测试和人才流动；并充分利用数字孪生、区块链等技术，对关键备件流转、飞行日志、空域资源实施全生命周期跟踪，实现"链上可信、数据可溯"，最终形成"政府引导、企业主体、平台撮合、标准统筹、数据驱动"的新型产业协同生态。

（二）"多头管理"与"管理空白"并存

低空空域本质上是一种稀缺公共资源，涉及国防、民航、公安、无线电、应急、气象、林草等多部门的法定职责，现行体制呈"条块分割、职责交叉"态势。一方面，"多头"导致审批链条冗长，严重挤压企业的商业运营窗口。以某沿海省一次无人机海岸巡检为例，企业需向民航地区管理局递交飞行计划，再向海事、渔政、港口公安提交水域协同申请，还必须向省级无线电管理机构报批频谱，占用流程平均耗时7~10个工作日；若中途气象条件突变，还需重新报批，会消耗大量的时间与成本。另一方面，"空白"体现在新场景缺少技术规范：城市30~120米"超低空走廊"划设标准尚未明确，无人机与 eVTOL 混合运行的间隔高度、侧向间距、安全缓冲带缺乏统一指引；各地数字监管平台接口不统一，"数据孤岛"林立，跨区域实时监控与风险预警难以实现；飞行员执照分类、电子围栏级别、运营责任险额度等规章滞后，企业无法准确测算成本与风险。

第六章
展望未来：低空经济面临的挑战与发展建议

对此，需同步推进"简政放权、标准先行、平台治理"。第一，建立"国家低空一站式服务平台"，将空域申请、计划审批、气象服务、保险投保、费用结算等环节线上集成，真正实现"最多跑一次"。第二，以立法形式明确低空空域分层分类管理框架，赋予地方政府对300米以下特定空域的动态调配权，并建立与军航、民航互认的调整机制。第三，制定覆盖"飞行器—运营平台—地面设施—监管系统"的强制性国家/行业标准，对所有新建数字平台实行数据共享白名单制度，杜绝"信息孤岛"。第四，鼓励保险公司开发基于实时飞行数据的动态保费产品，通过市场机制倒逼运营者提升安全水平，形成闭环监管生态。唯有如此，才能让"天空高速公路"从梦想照进现实，为实体经济注入新引擎。

第二节　低空经济的发展建议

通过上一节的分析可知，我国的低空经济在发展中虽然面临着一系列的挑战，但对于挑战的深入分析，就是为了有的放矢、逐个击破。对此，下面提出了一些发展建议，旨在推动低空经济实现高质量快速发展。

一、完善基础设施建设

（一）加强硬件设施布局与建设

通用机场是低空经济发展的重要基础支撑。目前，我国通用机场数量仍显不足，且地区分布极为不均衡。因此，加大通用机场建设力度刻不容缓。在选址规划上，需综合考虑地理环境、区域经济发展状况以及产业分布特点等因素。以中西部地区为例，这些地区拥有丰富的旅游资源，像云南的丽江、贵州的黄果树瀑布等景区周边，以及存在大规模农林作业需求的区域，应新建一批通用机场。这不仅能够为低空旅游项目提供起降保障，吸引游客以全新视角领略自然风光，还能助力农林植保作业，提高农业生产效率，促进区域间低空经济的均衡发展。

同时，为满足不同类型低空飞行器的多样化起降需求，应规划建设丰富多元的起降平台。例如，针对小型无人机在城市内的配送、巡查等应用

第六章
展望未来：低空经济面临的挑战与发展建议

场景，可在公园、广场、楼顶等开阔且安全的区域设置小型起降平台，方便其快速便捷地完成起降任务。对于eVTOL这类新型飞行器，由于其独特的垂直起降特点和对场地空间、电力等方面的特殊要求，需专门规划建设eVTOL起降场，配备相应的充电设施和安全保障设备。此外，直升机起降平台则可布局在医院、应急救援中心、商务中心等场所，满足紧急救援、商务出行等需求。

除了机场和起降平台，完善路网、电力等配套基础设施也至关重要。便捷的交通路网能够保障飞行器零部件运输、人员通勤等活动的高效开展，确保机场及起降平台周边的物流畅通。稳定的电力供应则是飞行器充电、通信设备运行以及各类保障设施正常运转的基础。例如，在一些偏远地区的通用机场，可配备太阳能、风能等分布式能源系统，作为市电的补充，以应对可能出现的电力供应不稳定情况。此外，增补低空航空气象监测设施，如建设更多的气象监测站，采用先进的气象雷达、卫星云图接收设备等，能够实时、精准地监测低空气象条件，提前预警恶劣天气，为低空飞行安全提供坚实保障。

（二）推进软件设施整合与升级

当前，城市空管信息系统、空域管理辅助系统、飞行服务站系统等分散在不同部门和领域，"信息孤岛"现象严重，极大地制约了低空经济的高效发展。因此，建立统一的低空经济信息管理平台迫在眉睫。该平台应具备强大的数据整合与处理能力，能够将来自不同系统的空域信息、飞行计划信息、飞行器状态信息等进行汇总和分析，实现数据的实时共享和协同管理。例如，通过该平台，空管部门能够实时掌握所有低空飞行器的飞行轨迹，及时进行交通管制；飞行器运营企业能够便捷地提交飞行计划，并获取最新的空域开放信息，提高运营效率。

在网络信息基础设施方面，需加大投入，积极采用先进的通信技术。5G技术凭借其低时延、高带宽、大容量的特性，能够为低空经济带来质的飞跃。例如，在无人机物流配送中，5G技术可实现对无人机的实时精准操控，使其能够在复杂的城市环境中灵活避开障碍物，准确地将货物送达目的地。同时，还能实现数据的快速回传，让运营企业实时了解无人机的飞行状态、货物运输情况等信息。卫星通信技术则可弥补地面通信网络在偏远地区、海洋等信号覆盖不足的缺陷，确保低空飞行器在任何区域都能保持稳定的通信联络。

此外，对现有的感知探测基础设施进行升级改造也不容忽视。通过采用更先进的传感器技术、图像处理算法等，提高其探测精度和范围，能够更准确地识别低空飞行环境中的障碍物、其他飞行器等目标。优化低空通信网络的覆盖和信号质量，可通过增加基站数量、优化基站布局、采用信号增强技术等方式，降低通信中断和信号干扰的风险，为低空经济的稳定运行提供可靠的通信保障。

二、促进低空空域资源高效利用

作为航空器的运行环境，空域是低空经济发展的战略资源。

（一）建立统一协调管理机制

低空空域管理涉及民航、空军、交通等多个部门，职责交叉、协同困难，导致管理效率低下。应建立由国家层面主导，多部门参与的低空空域统一管理机构，明确各部门职责，打破部门壁垒。例如，可以设立国家低空空域管理委员会，统筹规划低空空域资源，协调空域使用、飞行审批、安全监管等工作，避免出现管理空白与重复管理现象。同时，建立常态化

第六章
展望未来：低空经济面临的挑战与发展建议

的跨部门沟通协调机制，定期召开联席会议，共同解决低空空域使用过程中的问题，如空域划分争议、飞行计划冲突等，确保低空空域管理工作顺畅开展。

（二）科学分配低空空域资源

科学、高效的空域资源配置是保障低空经济可持续发展的前提。

第一，在总体布局上，应按照"分层分类、动态弹性、军民融合"的原则，依托数字化空域数据库，对全国空域进行宏观分区、网格化管理：将地形复杂、人口密集、关键基础设施密布的区域划为Ⅰ级管制空域，实施"准入审查＋实时监视＋航迹留痕"三重管控；将城市近郊、交通干线走廊及产业园区划为Ⅱ级监视空域，以"计划报备＋实时监视"为主；将人口稀疏、作业属性明显的山区、林区、牧区以及海岛、沙漠划为Ⅲ级报告空域，仅需"航前一次性报告＋事后抽检"。

第二，空域分配应与区域发展战略相衔接。对长三角、粤港澳大湾区等低空经济先导区，可在城市群之间预设"空中经济走廊"，专门服务跨城通勤、短途货运和急救转运；对西部农牧业大省，则优先保障农业植保、草场监测、蓝天救援等公益与生产型飞行需求，通过"放管服"改革简化审批流程。

第三，充分运用数字孪生技术构建空域容量评估模型。结合ADS-B（Automatic Dependent Surveillance-Broadcast，广播式自动相关监视）、北斗卫星授时、5G-A蜂窝定位等多源数据，对飞行流量、起降密度、冲突概率进行实时仿真，动态调整空域边界、飞行高度层和时间窗口，形成"分钟级"弹性调控。

第四，强化跨部门、跨区域空域协同。由国家空管委牵头，建立军航—民航—公安三网融合的低空空域综合管理平台，开放标准化接口，支持各省市空管、应急、气象、公安、林草等部门同步标绘禁飞区、限飞区、临时管制区；同时推行"一张图"式空域信息共享，让运营商、科研院所、保险机构能够基于同一真值数据开展业务。

第五，引入市场化机制激励空域精细利用。建议试点"空域时隙拍卖"或"容量积分交易"，鼓励企业通过购买"峰谷差价包"错峰飞行、共享航线，提高空域周转效率。

第六，建立空域资源年度评估与滚动修订制度，综合考虑产业结构调整、公共安全态势、生态保护红线等因素，每年对空域划设成果进行绩效评估与动态优化，实现空域资源与经济社会需求的精准匹配。

（三）健全气象监测与服务体系

气象保障是低空飞行安全的生命线。

第一，要在"观测端"织密立体监测网。除利用现有地面自动气象站外，应在通用机场、城市高楼、山体、海岛等关键节点加装激光测风雷达、微波辐射计、地基GPS水汽监测仪、无人机探空等多类型传感器，并通过5G-A、星地融合通信回传秒级数据，填补1000米以下"三维空白"。对于垂直分辨率不足的问题，可部署Tethered-UAS（系留无人机）与无人飞艇，长期悬停在200～500米的高度，获取边界层风场、能见度和颗粒物浓度剖面。

第二，在"解析端"建设面向低空的精细化数值模式。基于WRF（Weather Research and Forecasting，气象研究与预报）、GRAPES（Global/Regional Assimilation and Prediction System，全球/区域同化预报系统）等区域模式嵌套LES（(Large Eddy Simulation，大涡模拟）模型，将水平格距细化至250～500米、时间分辨率细化至5～10分钟；通过数据同化技术实时融合雷达拼图、卫星云图、无人机实测、物联网站网等多源观测，提高对

第六章
展望未来：低空经济面临的挑战与发展建议

脉冲式对流、低涡、风切变、低云与低能见度等灾害性天气的捕捉率。

第三，在"服务端"打造一体化低空气象服务平台。平台分为"通勤商务、物流配送、农林作业、旅游观光、应急救援"五大应用模块，为不同飞行场景输出图形化、指标化产品：如0~2小时Nowcasting雷达外推、2~12小时高分辨率预报、24~72小时趋势产品，并给出可飞指数、备降建议、高度分层限速等决策参数。平台应通过API（Application Programming Interface，应用程序编程接口）向空域管理系统、无人机云管平台、运营商App和电子飞行包（Electronic Flight Bag，EFB）开放，实现气象—空域—航线联动。

第四，建立"预警闭环"机制。针对雷雨、大风、沙尘、低空急流、逆温层结等不利条件，设置分级颜色预警，并依据低空飞行气象保障指南规定的"停飞—限飞—谨慎飞行"三级响应，自动推送至运营者与监管端。一旦触发红色预警，系统可通过北斗短报文、蜂窝广播同步向空中飞行器下发改航或返航指令，并向保险公司、应急管理部门共享风险信息。

第五，强化行业协同与人才建设。建议由中国气象局牵头成立"低空气象技术创新中心"，联合高校、科研院所和头部企业，聚焦微物理参数反演、AI智能预报、飞行—气象耦合决策等关键技术攻关，并在重点示范区设立"低空气象观测与服务实训基地"，系统培养复合型气象—航空工程师。通过"观测网＋数值模式＋服务平台＋预警系统＋人才队伍"的"五位一体"体系，全面提升我国低空飞行的气象保障能力，为低空经济安全、有序、高效发展保驾护航。

（四）加快空域管理改革

加快空域管理改革是推进低空经济有序、高效、安全发展的关键一环。当前我国低空空域划设尚未形成全国统一标准，空域使用权属不清、

低空经济　乘风而起
产业集群多维赋能区域发展新引擎

管理机制交叉重叠、运营规范缺失等问题仍较为突出，严重制约了低空经济的产业化、规模化推进。《低空经济发展白皮书——深圳方案》明确指出，要推动实现"空域确权"和"可计算空域"两个重大转变，构建低空空域从资源型管理向权能型治理、从粗放式划设向数字精算的深层变革。这意味着，低空空域管理改革不再仅是行政划分的边界调整，而是涵盖法律制度、产权机制、技术平台和运营标准在内的系统性重塑。

一方面，应加快推进空域确权相关制度建设，探索将低空空域纳入可交易的数字化资源体系。现阶段，我国尚未实现对低空空域的清晰权属界定，航空器使用空域基本依赖行政审批而非市场机制分配，缺乏灵活性与精准度。建议由国家空管委牵头，联合自然资源、民航、国防等部门，研究制定"低空空域确权框架草案"，明确不同类型空域的资源属性与管理边界，探索建立"区块化、网格化、时隙化"空域分配模式，并通过动态授权、空域租赁、使用积分等方式引入市场机制，使运营主体能够基于使用频次、容量占用和安全系数动态获取空域使用权，推动空域资源向高效使用者倾斜，提高总体配置效率。

另一方面，应加快制定并推动实施国家统一的空域分类标准。试点地区在空域划设、飞行高度层、运行模式等方面尚未统一，导致企业在异地运行时面临适配困难，制约了跨区域服务能力和运营效率。应借鉴深圳、成都等试点城市的经验，提炼可复制、可推广的改革路径，制定国家层面《低空空域分类技术规范》，对不同高度段的空域进行细化分类，如将0～120米设为微低空走廊（主要用于物流、植保），120～300米为通用作业空域（如旅游、巡检），300～1000米为通勤运输空域（如eVTOL），并明确每类空域的准入门槛、通信导航要求、动态管控机制等关键技术参数，构建低空飞行多场景融合管理体系。

第六章
展望未来：低空经济面临的挑战与发展建议

必须加快建设数字化低空智能融合基础设施，推动空域管理智能化转型。依托5G-A网络、北斗系统、边缘计算和人工智能等新一代信息技术，建设一体化空域管理平台，实现对低空空域动态流量、飞行轨迹、气象环境的精确感知和实时管控。该平台应覆盖空域实时态势可视化、航路预测与冲突预警、运营行为评估与违规识别等功能模块，构建空域数字孪生系统，模拟仿真各种空域资源使用情景，提前识别潜在风险。特别是对于eVTOL等新型飞行器，应实现与空域平台的深度联动，通过飞行器端的智能传感器和地面控制系统的信息回传，实时获取低空飞行环境数据，实现自动适配空域容量与运行规则。

完善低空空域运营服务体系，是支撑空域管理改革落地见效的重要支柱。应逐步建立"飞行服务＋安全监管＋运营调度"一体化服务体系，在低空空域内设立服务单元节点，提供计划申报、天气查询、导航保障、紧急响应等标准化服务。尤其是在飞行任务复杂、航线密度高的城市低空走廊内，需建设区域性飞行服务中心，通过空管云平台、航线规划AI助手和语音指令接口，为运营主体提供从前期任务规划到后期轨迹分析的全流程服务保障。通过服务系统的信息集成和优化流程，可显著提升审批效率、降低管理成本、减少飞行冲突。

空域管理改革还必须坚持安全底线思维，兼顾运营自由与国家安全。在推进空域商业化、市场化的必须强化国防空管的技术统筹和底线守护能力，确保空域的整体安全性与战略敏感性可控。建议探索建设"空域监管与国防联通平台"，在商业飞行过程中嵌入加密身份识别、飞行轨迹上链存证等功能，并通过边界审查、预警共享、临控调配机制，实现低空民航与军用空域之间的有序切换与动态协调。通过全面推进空域管理改革，真正实现空域资源的科学配置、高效利用和安全保障，为低空经济的发展提供坚实的制度与技术支撑。

三、强化技术创新与突破

（一）加大研发投入与人才培养

低空经济真正迈向万亿规模，根本驱动力在于关键核心技术的持续迭代与高端人才的源源供给。

在资金方面，建议将低空经济列入"国家重大科技攻关计划"与"先进制造业集群工程"，中央财政设立"低空科技创新引导基金"，每年按不低于战略性新兴产业投入的10%单列预算，通过"揭榜挂帅""里程碑拨付""后补助"等方式，对航空发动机、航电系统、飞控芯片、智能传感器、高能量密度电池等领域实行梯级支持；同时，建议放宽研发费用加计扣除比例至120%，并对首台套验证平台、公开适航试飞场地等给予折旧加速，进一步减轻企业现金流压力。地方政府应结合产业特色设立配套子基金，实行"母子基金＋天使投资＋知识产权质押"的结合模式，提高早期项目存活率。大型整机制造商、运营商和互联网平台应把研发投入率提至10%以上，并设立首席科学家直通董事会的决策通道，保证技术路线和商业逻辑双轮驱动。

在产学研深度融合方面，可依托国家空管委和教育部共建"低空经济协同创新联盟"，在京津冀、长三角、粤港澳、成渝等地落地4~6个"低空科技先导实验室"，由高校牵头解决基础科学问题，科研院所攻关共性关键技术，产业龙头验证应用场景。高校应对接产业需求重塑人才培养体系：在航空宇航类专业增设"eVTOL复合翼设计""有人/无人机协同空管""飞行器系统级安全工程"等模块；在信息、材料、动

第六章
展望未来：低空经济面临的挑战与发展建议

力、电气学科中设置"低空智能感知""固态电池与氢燃料""碳纤维复材自动铺丝"等跨学科方向；在管理、经济、法学专业开设"低空交通政策法规""低空保险精算""空域资源市场化"课程。教学方式以"大工程"实践替代碎片化实验，学生在校期间可进入联合实验室完成"概念设计—原型制造—试飞验证—商业策划"全流程。企业内部则须构建"3层6级"人才金字塔：核心科学家、首席工程师、系统架构师作为顶层；项目总师、技术骨干、工艺工程师作为中坚；技术员与操作员作为基础，并通过轮岗、攻关津贴、股权激励、国际交流等手段保持组织活性。政府可对"关键核心技术团队"给予人才补贴、户籍落户、子女教育等综合支持，打造"引得进、留得住、用得好"的全链条人才生态。

（二）突破关键技术瓶颈

关键技术瓶颈是制约低空经济规模化落地的"天花板"。在能源端，高比能电池和新型动力系统成为首要攻坚方向，要重点布局硅碳负极、固态电解质、锂金属和锂硫体系，力争2030年前单体能量密度突破500瓦时/千克；同步推进氢燃料电池空冷堆和液氢储供一体化，攻克低温绝热复合材料、氢平台阀门冗余设计、燃料电池高原适飞等难题，使中型eVTOL续航里程达到300千米以上。在结构端，碳纤维+树脂基复材自动铺丝与热固—热塑梯度固化工艺并行，配合3D打印金属节点，可将整机减重15%；同时，研发自愈型蜂窝夹层、形状记忆合金铰链，用于长时高振环境。在感知与自治端，应建立"多传感融合+AI语义理解+可验证规划"技术链，融合激光雷达点云、毫米波多普勒雷达、超广角立体视觉和GNSS（Global Navigation Satellite System，全球导航卫星系统）/INS（Inertial Navigation System，惯性定向定位导航系统），精度等级达到厘米级定位、毫秒级时延；算法层采用基于Transformer的稠密目标检

低空经济 乘风而起
产业集群多维赋能区域发展新引擎

测与时序决策网络,实现全时段、全气象环境下自主避障;同时引入形式化验证工具对飞行控制逻辑做可证明安全,满足DO-178C/ED-12C B级或C级要求。

在航电与飞控芯片领域,可借鉴汽车"域控制器"架构,把导航、飞控、通信、健康管理等子系统集成于SoC芯片,采用RISC-V+异构多核设计,并通过RT-Linux混合分区保障实时性与安全隔离;加强芯片抗辐照、宽温宽压、高EMC设计,实现万台级别的可靠装机。航空发动机板块可采取"引进—消化—重构—原创"四步走:先以中外合资的形式在我国设立联合工程中心,分享高压涡轮、单晶叶片、涡轮冷却等专利使用权;然后与国内高校院所合作攻克高温合金及陶瓷基复合材料,依托增材制造突破小批量叶片快速迭代;最终在热效率、推重比等核心指标上逼近国际先进水平。在智能运维方面,建设飞行大数据平台与数字孪生机库,通过AI预测性维护将NG(Not Good)故障率降低40%,机队利用率提升10%。

国际合作仍是弯道超车的重要抓手,可以在电池、复合材料、发动机、空管、适航法规等领域与业内龙头企业开展联合开发,并通过联合体模式在国内落地示范航线;引进先进复合材料自动化产线、全尺寸疲劳试验台、多学科设计优化(MDAO)软件和适航合规体系经验;利用数字化手段对外方技术进行深度"二次拆解"与"本土化重构",促进"双循环"技术内化。通过集中攻关高比能动力、轻量化结构、智能感知、芯片与航电、绿色发动机五大方向,同时辅以国际协作与数字运维双轮驱动,方能实现核心技术瓶颈从"跟跑"向"并跑""领跑"跨越,为低空经济大规模商业化奠定坚实技术底座。

第六章
展望未来：低空经济面临的挑战与发展建议

四、拓展市场应用与消费

（一）创新商业模式与拓展应用场景

低空经济发展应始终以多产业领域拓展与多元化场景应用为方向，加快培育以"低空经济+"为基础的下游市场。鼓励企业积极探索创新低空经济商业模式，紧密结合市场需求和技术发展趋势，不断开发多样化的应用场景。通过不断强化低空产品在农业植保、城市管理、交通出行、物流运输、旅游娱乐、应急救援等方面的产业融合应用，推动低空经济更好发展。例如，在现有应用场景的基础上，进一步拓展城市内部及城际的低空客运航线具有广阔的市场前景。在一些交通拥堵严重的大城市，如北京、上海、广州等，开通低空通勤航线，可大大缩短通勤时间，缓解地面交通压力。乘客通过手机App即可便捷地预订机票，在城市内的专用起降点乘坐小型飞行器，快速抵达目的地。

开展低空物流专线也是提高物流配送效率的有效途径。在偏远山区、海岛等交通不便的地区，利用无人机进行药品和物资配送，能够解决物资运输难题，保障居民的基本生活需求。同时，推进无人机在电力巡检、安防监控、测绘勘探等领域的广泛应用。例如，在电力巡检中，无人机可搭载高清摄像头和红外热成像仪，快速、准确地检测电力线路的运行状况，及时发现线路故障和安全隐患，提高巡检效率和准确性。通过丰富应用场景，能够有效提高低空经济产品和服务的市场普及率，推动低空经济产业的发展。

企业应提高应用型技术的研发生产能力，加强产品实际应用业务能力建设，培养具有商业发展意识与低空专业知识的复合型人才，在全局层面实现技术转化的有效协同。政府应积极提供低空经济产业与传统产业主体的合作平台，以便更好地拓展低空经济场景应用，发挥新质生产力的带动作用。

（二）激发消费潜力与提升公众认知

低空经济要想真正地从专业领域走向大众生活，首要任务就是让更多消费者"看得见、摸得着、用得起"，从而以群众为基础撬动产业规模。加强宣传推广是核心抓手，可从"政府倡导、企业联动、媒体赋能"三个维度系统推进。在政府层面，应依托中国航展、消费品博览会、文旅博览会等国家级平台设立"低空经济主题馆"，集中展示新型无人机、eVTOL、电动固定翼、系留飞艇等多元化飞行器，并配合裸眼3D、MR（Mixed Reality，混合现实）互动、数字孪生沙盘等沉浸式手段，生动呈现其在城市空中交通、物流配送、应急救援、农林植保、文旅观光中的典型场景，让观众在"可视化—可交互—可体验"的闭环中形成直观认知。在企业层面，可联合高校、科普机构举行"低空科技开放日""小小飞行员训练营"等体验课程，将青少年无人机编程、创客比赛、校园植保演示纳入STEAM教育体系，把低空经济的想象空间转化为日常学习与兴趣培养，潜移默化培育未来消费群体。在媒体层面，则可以策划"云游低空"系列纪录片与短视频话题：通过航拍镜头讲述偏远山区无人机送药、珠三角跨城 eVTOL通勤、城市夜景低空旅游等故事，以"极致场景＋真实人物"的方式强化情感共鸣；同时，引入头部主播在景区机坪或无人机物流站进行沉浸式直播，边飞行边带货，让消费者对低空经济由"网络种草"快速转变为"线下拔草"。

在扩大体验渠道方面，要针对不同消费群体推出差异化产品并进行灵活定价。对价格敏感的普通游客，可在A级景区周边设置5~8分钟的"空

第六章
展望未来：低空经济面临的挑战与发展建议

中环线"，票价可以控制在299~499元，并附赠电子航拍照；对中高端游客，则可开发15~20分钟的"主题航拍＋私人讲解"产品，票价可以控制在1000元左右，并提供豪华包舱、定制航线、高空求婚等增值服务；对商务人士，可与会展公司联手打造"会场—机场—市中心"三点直达空中摆渡套餐，按次或包月计费，提高严重拥堵城市的时间价值。硬件端也要细分市场：面向亲子群体与极客爱好者推出售价999~1999元、支持一键返航与安全围栏的娱乐无人机；面向户外摄影群体推出搭载4K云台、具备避障与AI跟拍功能、单机售价3999~6999元的中端机型；面向行业用户则提供可挂载多光谱相机、激光雷达的专业无人机及与之配套的SaaS（Software as a Service，软件即服务）平台，通过"硬件租赁＋数据服务"模式降低一次性投入。与此同时，要注重跨界融合创造新场景，如旅游企业与eVTOL运营商联推"海岛一日空中快线"；快递平台与连锁咖啡品牌试水"最后一公里空投咖啡"；房企在新建社区引入屋顶起降点，并配套低空观光年卡，激活置业卖点。通过餐饮、文创、体育赛事、演唱会与低空飞行协同，将"上天"体验频繁嵌入衣、食、住、行、娱乐各环节，持续释放消费潜力。

在价格策略与场景创新之外，还应完善配套金融和保障体系，降低消费者"尝鲜"顾虑。一是推广"低空飞行意外险"、娱乐无人机"一键投保"及延保服务，让用户在下单时即可完成保险覆盖；二是与银行、消费金融公司合作，为高端飞行体验、专业级无人机购买提供0利率分期服务；三是建立负面清单与信用惩戒机制，对扰民飞行或非法载荷的个人进行限购、限飞，保障守法用户的正当权益；四是开发积分返券、联名会员卡，让飞行与酒店、出行、景区门票实现权益互通，提升复购率与用户黏性。通过"场景可感知、价格可负担、风险可控、权益可得"的"四位一体"体系,才能真正把低空经济从"概念热度"转化为"消费热力",为产业链提供持续、稳健的需求端拉动。

(三)扩大低空消费市场

当公众认知度与初级消费体验得到充分激活后,低空经济要迈向"千亿级内需"还需在需求端增量、供给端升级与制度端护航三个方面同时发力。

在需求侧增量方面,离不开居民收入提高与消费结构升级。各级政府可将低空经济列入夜间经济、假日经济与文化旅游振兴计划中的重点新业态,推出消费券、机票补贴、团体购票返现等激励政策;鼓励银行、平台经济主体发放"低空旅游专属红包""无人机兴趣分期贷",降低体验门槛。对中低收入群体,可在周末和节假日推出"公益飞行日",面向老年人与乡村学生开设"航空梦想课堂",通过政策兜底与公益捐赠扩大覆盖面。要持续改善消费环境与提升消费者素质。一方面,完善低空飞行场站、停机坪、快速充电站、维修保养中心等商业基础设施,加快建设覆盖核心商圈、景区、交通枢纽的"15 分钟低空服务圈",确保消费者"想飞能飞""飞后能玩";另一方面,构建低空消费信用档案和黑名单制度,引导公众遵守飞行秩序和安全规范,避免因个别违规行为导致行业整体口碑受损。

在供给侧方面,企业要在商业模式和管理制度上持续创新。一是向"平台+生态"转型,龙头企业可打造一站式数字平台,汇聚飞机租赁、执照培训、飞行保险、航拍剪辑、社群比赛、积分商城等功能,通过API向第三方运营商和创作者开放,形成"供应—分销—增值—复购"闭环。二是以"轻资产运营+区域合伙人"模式快速复制,减少重资产机场建设投入,采用模块化可移动机坪、共享充电桩、集装箱控制塔等灵活设施,将低空商业触角延伸到县域、景区、产业园,实现规模扩张。三是开

第六章
展望未来：低空经济面临的挑战与发展建议

发多元营销打法，如与影视综艺合作，把低空飞行嵌入剧情植入；与体育赛事、电竞比赛结合，推出"空中观赛席"；与文旅局联合发行"空域护照"，游客在不同城市打卡飞行即可集章兑换文创等。通过内容营销、社群裂变与IP运营把线下飞行体验转化为线上流量，实现低成本获客与高频复购。

在制度护航方面，一要健全法律法规与行业标准。尽快出台《低空经济促进法》《娱乐无人机飞行管理条例》《eVTOL商业运营规则》等上位法规，为运营许可、飞行高度、噪声限值、数据安全、事故赔付等关键问题提供法定依据。二要完善市场监管与消费者保护机制，建立以"事前准入—事中监测—事后追责"为主线的监管闭环，推广区块链航迹留痕、AI风险预警、远程停飞干预等技术手段，提高违规成本、降低维权成本。三要在重点示范区试点"先行赔付＋行业共保"机制，对消费者因突发停飞、行程取消等造成的损失由行业互助基金先行垫付，再向责任主体追偿，增强消费信心。同时，鼓励保险公司、再保机构开发"天气指数险""停飞损失险"等创新产品，让运营者与消费者共享风险对冲工具。四要强化数据要素与隐私保护，明确不同场景的影像拍摄边界、个人信息收集与使用规范，打造"可信飞行、安心消费"的社会氛围。

数字化、智能化新基建是低空消费市场可持续扩张的"高速公路"。应加快部署覆盖城市核心区与景区的5G-A/北斗融合网络、无人机蜂窝数字识别系统、一体化低空交通管理云平台，实现"一机一码、即插即管"。对接全国统一低空数字平台，将空域申请、气象服务、收费结算、飞行保险、应急救援等接口开放给社会运营者，降低创业门槛。针对消费者权益保障，应设立低空消费专线与在线仲裁平台；推广"先行垫付＋全链溯源"机制，让投诉"一键直达、限时解决"；建立消费者满意度评价数据库,纳入企业信用考评。

通过需求端激励、供给端创新、制度端保障的协同发力,低空消费市场将从"小众新奇"走向"大众常态",形成"场景日常化—消费规模化—产业良性化"的闭环,加速低空经济在中国广阔天空中真正"飞起来"。

五、强化数据安全保障

(一)规范数据采集与管理

在低空经济场景下,从无人机、eVTOL到地面感知端,每一次传感器读取都会产生可追溯到个人或关键基础设施的敏感信息,因此"源头治理"至关重要。

国家层面应当将低空经济纳入数据安全法、个人信息保护法和国土安全法等上位法规的统一框架,明确"空域数据"与"传统网络数据"同等适用最小必要原则、告知同意原则与目的限定原则。

企业首先在项目立项阶段即应开展"数据影响评估",对拟采集字段逐一列出合法性和必要性说明,评估替代方案后将报告提交给行业主管部门或数据安全管理机构备案。其次,针对飞行监控、物流配送、景区观光、应急救援等常见场景,可制定细化的白名单字段,如飞行器编号、实时经纬度、姿态角、货物重量、路线编号等属于"业务强相关"可采集字段;而居民Wi-Fi SSID(Service Set Identifier,服务集标识符)、手机IMEI(International Mobile Equipment Identity,国际移动设备识别码)、未模糊化的高清人脸图像等都应列入禁止采集或需专门论证后才可采集的敏感字段。采集端设备须嵌入硬件可信根与加密芯片,实现"采集即加密";

第六章
展望未来：低空经济面临的挑战与发展建议

数据在机载自循环缓冲区最多保留30秒，随后通过端侧算法进行一次性哈希脱敏或差分隐私处理，剥离掉不必要的身份关联属性后再上传。再次，要为用户提供"随时可撤回"通道：在App、网页或地面操作终端内放置显著按钮，借助区块链可验证身份对删除请求进行签名，平台在SLA（Service Level Agreement，服务水平协议）规定时限内完成不可逆删除。对核心敏感数据必须实施"三区三中心"分级存储，即原始密文数据、已脱敏数据、统计汇总数据物理隔离，分别布置在生产区、分析区、共享区，各区再分为主数据中心、同城灾备中心、异地容灾中心，配合主备链路切换保证99.999%可用性。人员侧则要引入零信任访问控制，采用动态口令、生物特征、U-Key三因素认证，并结合行为基线模型实时检测"内部跳槽窃密"或"越权批量导出"等高风险操作。最后，建立采集违规惩戒与信披机制，企业若因超范围采集被查实，除罚款外还需在全国信用信息共享平台公示；主要负责人须参加强制数据合规培训并列入重点监管名单，通过刚柔并济的手段把"最小必要"落到实处。

（二）加强数据传输与存储安全防护

在低空经济高并发、强实时的业务场景中，数据动静态安全均要遵循"端到端加密、全链路可视、密钥可管、威胁可处置"原则。

传输端首先应在应用层与传输层同时加密，控制信令使用基于国密SM2/SM4的TLS1.3+DTLS1.3双通道，业务数据采用异或分段加扰后在QUIC通道中进行"帧级"密文封装；对于星地融合链路或5G-A切片网络，可启用可验证延迟加密与量子随机数生成机制，以抵御量子计算带来的碎片密钥推演攻击。链路侧植入IDS/IPS设备并接入全流量沙箱，对异常封包、DNS隧道、命令控制(C2)域名实时拉黑；当检测到中继攻击或大量伪造Remote-ID消息时，自动触发"微隔离"策略，将受影响飞行器切换至本地备份控制链路,确保指令不被篡改。存储端则应当采用"加密即存储、访问即解密"的透明加密体系,引入HSM(Hardware Security Module,硬件安全模块)集中管理密钥,全生命周期支持零知识证明和多活容灾。高价值核心数据采用分布式切片存储+门限密钥托管,密钥被拆分成n份分散保管,至少m份重组才可解密,防止单点失守。针对云边协同模型,可在边缘节点上部署可信执行环境(Trusted Execution Environment,TEE),把初步清洗算法封装为Enclave,原始密文不落盘,最大限度地减少云端明文驻留时间。

跨境场景需实现"数据地图"可视化,动态判断数据流向并基于《中华人民共和国个人信息保护法》(PIPL)、《通用数据保护条例》(GDPR)、《加利福尼亚州消费者隐私法案》(CCPA)等法规自动匹配传输合规策略;若触发"禁止跨境"条款,系统自动调用本地化存储或向境外子公司发起合规审计工单。

在灾备方面,采用连续数据保护与不可变快照技术,在异地冷备中心建立以天为粒度的"防勒索金库",且所有备份镜像均强制进行SHA-2(Secure Hash Algorithm 2)摘要对比与机器学习异常特征扫描。权限管理则要结合ABAC(Attribute-Based Access Control,基于属性的访问控制)+RBAC(Role-Based Access Control,基于角色的访问控制)混合模型,既依托角色层级,又动态感知时间、地点、设备状态等上下文;敏感表支持行列级脱敏,查询结果经列级权限切片后返回,避免"大权限"人员批量拖库。

企业层面要建立"安全即代码"(Security as Code)文化:每次发布流程必须通过SAST(Static Application Security Testing,静态应用程序安全测试)、DAST(Dynamic Application Security Testing,动态应用程序安全测试)、IAST((Interactive Application Security Testing,交互式应用程序安

第六章
展望未来：低空经济面临的挑战与发展建议

全测试）三位一体扫描；每一次配置变更自动触发Ansible＋Kubernetes策略比对，确保运输层安全设置与存储加密状态没有被人为降级。最后，引入红蓝对抗演练、供应链渗透测试与零日情报订阅机制，持续验证传输和存储防线的鲁棒性，让低空经济的数据在高频流动中始终处于"可知、可控、可信"的防护状态。

（三）防范数据应用风险

低空经济的核心竞争力之一在于海量飞行数据、导航数据、图像和物联网传感数据的即时汇聚与智能挖掘，但"数据即资产"也意味着潜在的国家安全、商业秘密和个人隐私风险。

对此，应在国家层面制定《低空经济数据安全管理办法》，对数据类型实施分级分类，如将涉及军事禁区、国家基础设施、卫星遥感影像原始分辨率高于规定阈值的数据列为"绝密级"，禁止任何公共云存储和跨境流转；将用户身份、支付、行程轨迹等列为"敏感个人信息"，必须在本地进行端侧匿名化并通过同态加密或可信执行环境传输；将机体状态、航迹点云、气象观测等列为"可共享生产数据"，经脱敏后可进入行业大数据平台，用于算法训练和运行效率优化。

运营企业要建立数据生命周期管理制度，从采集、传输、存储、使用、共享到销毁全链条部署"加密—鉴权—追溯"技术：采集端嵌入国密算法芯片，实现硬件级签名；传输链路采用量子随机数生成的混合加密，并启用完整性校验值（Integrity Check Value，ICV）防篡改；存储端落地"多活归档＋分布式碎片化切片"方案，避免单点失控。针对算法引发的隐私泄露，应建立"算法备案＋第三方审计"机制，重点核查模型是否可通过差分攻击反向推导个体身份或关键地理坐标，可采用联邦学习、差分隐私或生成对抗网络加噪等手段降低模型可逆性。对于面向公众开放的

API，需设定调用频次上限、返回字段最小化、密钥轮换周期不超过24小时，并接入安全运营中心（Security Operations Center，SOC）实时监控可疑流量；对内部数据分析平台启用 ABAC，通过"任务动态授权＋操作留痕"防止内部人员越权查询。数据的外部共享与科研合作须通过"沙箱"环境完成，脱敏程度达到 k-匿名或 L-多样性标准，并引入"白盒水印"技术，在数据或模型中植入可溯源标识，事后可定位泄密责任主体。场景安全评估同样关键：在安防监控、城市管理等高敏场景，应对摄像机朝向、分辨率、存储周期、数据调阅权限进行事前审核和事后跟踪；对于物流航拍、农业遥感等低敏场景，也要确保拍摄不覆盖法律禁止的个人私域。

此外，还应建立跨部门联合执法与举报奖励机制，对"暗网兜售飞行日志""恶意爬取无人机直播流"等行为实施最高额度罚款及刑事追责，通过法律震慑与技术屏障双重手段，构筑低空经济数据安全防线。

（四）完善安全监管体系

低空经济规模化运营必然带来空域拥挤、器件故障、网络攻击、人为违章等多维风险，构建"法规完备＋技术可视＋流程闭环"的安全监管体系刻不容缓。

在立法层面，应尽快出台《低空飞行安全法》《无人驾驶航空器管理条例》并同步修订《中华人民共和国民用航空法》，将 eVTOL、货运无人机、倾转旋翼等新机型纳入适航审定和运营许可框架，明确权责边界、事故调查程序、赔偿标准及刑责追究。

在标准层面，应由工信部、民航局牵头制定《低空飞行器关键系统可靠性要求》《城市低空运行安全指南》等强制性规范，涵盖冗余飞控、失效保护、电池热管理、防雷电磁兼容、网络安全防护等级等指标，为企业研发和运营提供定量"红线"。

第六章
展望未来：低空经济面临的挑战与发展建议

在技术层面，要建设"天—空—地"一体化实时监控体系：卫星＋ADS-B＋雷达实现1000米以下广域监视；5G-A蜂窝定位、UWB（Ultra Wide Band，超宽带）基站、视觉SLAM（Simultaneous Localization and Mapping，即时定位与地图构建）组成300米以下精细感知；城市地面配备数字孪生平台，对飞行冲突、空域容量、噪声分布进行秒级预测并联动管制。针对无人机"黑飞"现象，机场净空区、高铁沿线、政府要地应布设"电子围栏＋多传感干扰拦截"系统，一旦检测非法信号立即触发GNSS欺骗防护、链路隔断及应急降落指令。

在运营流程层面，企业必须建立标准化"飞前检查—飞行批复—实时监控—飞后维护"四步闭环：飞前通过数字航保包（e-Doc）完成气象、NOTAM（Notice To Airmen，飞行员通知）、设备状态自检并提交云端；飞行批复实时接入国家低空云管平台获取动态空域许可；飞行过程中北斗＋LTE Remote-ID以每秒1赫兹的频度回传三维坐标、电池剩余量和控制链路强度；飞后6小时内上传维护日志和航迹包至区块链存证并进入AI故障预测模块。硬件安全同样不容忽视，应推进飞行器"机—电—软"三位一体冗余设计：动力双电机＋双IMU（Inertial Measurement Unit，惯性测量单元）冗余、飞控软件符合DO-178C C级及以上、关键通信链路支持跳频＋端到端加密；同步强化部件级安全，如基站GNSS授时防欺骗模块、光电载荷镜头128-bit加密快门。

在监管执行层面，要打造"云管控"全国统一平台，面向公安、空管、应急、气象多部门开放接口，实现一键调阅事故航迹、在线签发临时限飞；同时引入商业保险和社会监督，推行强制责任险与公众举报奖励相结合，利用市场和舆论双重压力提升企业合规率。只有通过在法律、标准、技术、流程、市场多维发力，形成"严监管、强技术、快处置、重服务"的全域安全治理生态,才能让低空经济在可控风险范围内快速腾飞。

六、优化管理体系与机制

(一)建立全产业链协同发展机制

低空经济的跨越式扩张,使其天然具有"跨行业、跨空域、跨部门"的属性,任何单一主体都无法独立完成产业链闭环。需要从国家层面出台《低空经济协同发展纲要》,在国土空间总体规划中同步划定低空经济功能区,并将其与通用机场、航空产业园、物流枢纽、旅游风景廊道、应急救援基地等空间载体进行耦合,形成以"战略区—示范区—辐射区"为梯次的立体格局。协同发展纲要可以依据地理环境、人口密度和产业禀赋,将成渝、长三角、粤港澳等综合实力强、科技创新活跃、空域资源相对丰富的区域定位为低空经济"先导试验区",重点发展eVTOL城际通勤、无人机港口物流、智能空管平台等高端应用;将西南、华北的山地和草原定位为低空旅游示范区,发展观光飞行、极限运动、航空科普;将东北、华中粮食主产区和西北荒漠治理带定位为智慧农林示范区,重点突破植保喷洒、牧场巡检、林火监测等场景,避免同质化竞争。

为打破"条块分割"桎梏,应在国家层面设立全国低空经济发展协调委员会,办公室常设于国家空管委或民航局,成员单位涵盖交通运输、公安、应急管理、工业和信息化、自然资源、科技、市场监管、金融监管等部委,并吸纳行业协会、高校院所、保险机构、基金公司作为智库支持。该委员会应统筹技术路线图、重大项目库和投融资计划,建立跨部门信息交换与决策协同机制。一是推动"低空空域—空管设施—数字平台"基础数据实时共享,避免地方多头建设和重复投资;二是建立"月度专班会+

第六章
展望未来：低空经济面临的挑战与发展建议

季度联席会＋年度评估会"三级协商制度，对审批效率、空域利用率、事故率、投资落地率等关键绩效指标实施动态考核；三是出台按照"事权同责"原则分担的激励与约束办法，对改革进度快、事故率低、投资拉动力强的地区给予财政贴息、税收返还、项目优先试点等政策倾斜。

在飞行计划审批环节，需搭建"全国低空飞行计划单一窗口"，打通公安网、民航空管网、气象网，实现"计划申报一次、各部门协同批复、结果同步返回"。平台应内嵌电子空域图、数字航路数据库、气象实时融合数据、障碍物三维模型，企业提交任务后系统自动校验空域占用、流量冲突、地面风险，再基于规则引擎推送至相关部门并生成批复时限倒计时，一旦超时就自动预警。通过"集成式审批、分布式监控、智能化复核"，可将传统3~5天的审批流程压缩至30分钟以内。对高频标准化航线（如景区环线、物流航廊）实行"航班时隙＋年度备案"模式，企业按周滚动提交飞行计划即可，进一步降低制度性交易成本。

在区域协同方面，可依托长江、珠江、黄河、京津冀等自然与经济走廊建立多省联动的"低空经济走廊联盟"。联盟通过轮值主席制与秘书处制并行运作，每年联合发布《走廊低空经济蓝皮书》，共享空域容量指标、重大项目清单与招商需求；鼓励在飞行器检测、适航审定、培训考证、保险精算、碳排放核算等公共服务环节互认互补，形成"技术同标、运营同规、数据同库、信用同享"的一体化市场。依托产业协同平台，可开展"飞行器联合采购""标准件集中招标"等集采模式，降低企业零部件采购成本；鼓励地方高校与龙头企业共建"低空经济联合研究院"，共享科研设备和试飞场地，加速成果工程化。

金融与资本协同亦是全链条联动的关键支撑。一方面，应在国家新兴产业引导基金下设立"低空经济母基金"，联合各地设立子基金，优先投向空管软硬件、氢燃料动力、先进复合材料、芯片与传感器、无人机蜂窝通信等技术的研发和应用上；另一方面，发挥政策性银行、租赁公司、保险集团的专业优势，推出适航审定贷、飞行器融资租赁、责任险、天气指数险、司法保全保险等金融产品，降低企业前期高昂的研发和认证成本。

通过顶层设计、部门联动、区域联盟、金融支持四大抓手，构筑政府—企业—资本—科研多轨并进的全产业链协同发展机制，让低空经济真正形成"研发—制造—运营—服务—再创新"闭环，迈向高质量、可持续成长通道。

（二）完善运营管理体制与标准

运营管理与技术标准是一条贯穿飞行器全生命周期的"安全绳"。要着手建立覆盖空域划设、飞行器设计制造、运行控制、维修保障、数据安全、环境保护在内的低空经济国家标准体系。标准化顶层结构可采用"1+N+X"模式。其中，"1"是指一部《低空经济技术规范总则》，明确术语定义、适用范围、分级分类和总体安全指标；"N"是指若干强制性国标和行标，如《低空空域分类划设与管理规范》《无人机Remote-ID技术要求》《eVTOL城市空中交通适航条例》《无人机电池热管理安全标准》《飞行数据记录格式与加密要求》等；"X"是指面向细分场景的推荐性团体标准或企业标准，如低空物流中的智能货箱接口、农业植保药剂雾化粒径、低空旅游噪声评估曲线等。为保证标准与国际接轨，可同步参考国际民用航空组织（ICAO）、欧洲航空安全局（EASA）、美国联邦航空管理局（FAA）的最新公报，采用"国内主导＋国际互认"的双轨制，在碳排放、噪声、射频干扰、视觉识别编码等核心技术指标上实现与国际主要航空市场的等效或近似。

在空域管理维度，要将低空空域细分为管制空域（CTR/P/R区）、监

第六章
展望未来：低空经济面临的挑战与发展建议

视空域（S区）、报告空域（G区）以及临时管制空域。管制空域由民航和军航联合授权，实行ATS＋雷达/ADS-B＋5G-A多源监视；监视空域采取事前计划＋电子围栏动态监控；报告空域仅保留"事后记录＋抽查"机制。对城市核心区、机场净空区、重大活动上空等高风险场景，可根据实时人车密度热力图，叠加噪声、风场及建筑物高度，动态调整垂直/水平缓冲带，构建"时空弹性安全区"。

在审批流程维度，应发布《低空飞行审批服务规范》，以"企业分类＋航线分类＋风险分级"形成差异化审查：对于A类低风险标准航线，采用备案制；B类中风险航线，采用在线自动审查并附带保险凭证；C类高风险航线，需人工复核并提交完善的风险评估报告、应急预案、第三方审计意见。审批时限应硬性纳入政务督导，备案≤20分钟、自动审查≤2小时、人工复核≤2个工作日。

在运行安全层面，要从"人—机—环—管"四个维度制定细化指标。人：飞行员/远程驾驶员需取得分级执照并持续参加复训，AI自主飞行也应设算法责任人。机：强制配备双重通信链路、双IMU、失速保护和自动返航功能。环：针对不同空域发布实时气象适航指数。管：远端云管平台必须具备航迹留痕、漏洞扫描、行为异常检测和一键停飞等功能。对于低空旅游、直播航拍等公众参与度高的业务，必须接入国家噪声监测网和文化市场综合执法平台，确保环境影响和合规内容"双检合格"。

在市场监管维度，应构建"事前准入—事中监测—事后追责"闭环。事前通过企业信用评分、设备动态入网、保险保额审核把好入口；事中利用区块链＋AI风控对航迹偏离、"黑飞"闯禁、电量异常等进行秒级预警；事后将处罚结果与公共信用系统、采购招投标系统对接，实现"一处违法、处处受限"。要对飞行事故和信息泄露建立"吹哨人"奖励计划，鼓励内部人员及时报告问题。

在技术支撑方面，必须建设覆盖空管执法、应急处置、司法鉴定的三重数据可信体系：执法部门的监控数据、企业的飞行日志、第三方ADS-B公开源数据通过可信硬件一起上链，利用多方安全计算生成不可篡改的事故证据包，司法机构可一键调阅并解析，实现跨部门、跨层级的数字取证。

通过建立强制性国标与推荐性行标并行、差异化空域管理、风险分级审批、全流程信息化监管、多方可信取证的系统治理框架，低空经济运营将真正实现"标准有据、管理有法、风险可控、责任可追"，为产业规模化、高质量发展奠定坚实基石。

（三）加强产业政策支持引导

健全的政策法规体系是低空经济行稳致远的"压舱石"。国家层面应发布覆盖2025—2045年的《低空经济分阶段发展战略规划》，以"5年为周期，10年为节点"滚动修订，对战略愿景、核心指标、技术路线、示范工程、投融资安排和风险预案进行系统设计，如到2030年形成若干千亿级产业集群、完成全国数字空域基础网和统一云管平台建设，到2035年基本建成覆盖90%地级市的eVTOL城际航线网络和多场景无人机公共服务体系，到2045年实现"空地一体"智能立体交通。规划须坚持"统筹安全与发展、统筹市场与政府、统筹先导示范与规模复制"三大原则，明确各阶段任务书与时间表，将空域资源供给、适航审定能力、基础设施完备度、单位空域产值、碳排放强度等指标列入国家宏观调控与地方政府年度考核。

要配套完善可操作的政策工具箱。在财政方面，中央可设立"低空经济专项转移支付"，对适航认证、首台套、保险保费、示范航线等给予30%~50%的补贴；地方财政则根据产业链缺口设置"揭榜挂帅"奖金，

第六章
展望未来：低空经济面临的挑战与发展建议

鼓励"赛马+项目券"新模式。在金融方面，发展政策性银行专项贷款、绿色航空债、知识产权质押贷款和投贷联动，引导社会资本以母基金、直投、资产证券化等多元通道进入。在土地方面，将通用机场、起降点、低空飞行营地等纳入国土空间规划，允许按"交通设施"性质供应并适当降低土地出让金；对垂直综合体机坪、屋顶停机坪等则改革容积率奖励政策，吸引商业地产、酒店、综合体主动配建。在税收方面，可以参考新能源汽车早期策略，对符合政策标准的整机和核心部件3年内给予增值税即征即退50%、企业所得税税前加计扣除75%等优惠，对运营企业前3年免征城市维护建设税、教育费附加。在市场准入方面，可借鉴海南离岛免税和自由贸易港经验，在国内多地设立"低空经济特区"，实行更具开放性的外资准入负面清单、货物保税和高端人才个税减按15%等政策。

应加强制度性数据支撑与评估，建议由国家统计局、国家空管委联合成立"低空经济统计监测中心"，发布《低空经济统计分类与代码》国家标准，将空域服务业、智能飞行器制造、低空旅游与体育、无人机物流、低空保险等新业态纳入国民经济行业分类；建设"低空经济大数据公共平台"，汇聚企业端销售、运营、适航、保险、碳排和就业数据，生成季度景气指数、投资热度指数、风险预警指数，为宏观决策和精准扶持提供量化依据。地方政府在此框架下，可因地制宜出台配套政策，这样既符合区域特色又可与国家政策衔接。

要建立动态迭代的政策评估与纠偏机制。可采用"年度自评+第三方评估+公众评议"三位一体模式：地方年度自评重点考核政策兑现率、指标完成率、事故率，第三方评估委托高校和会计师事务所从经济、社会、生态维度进行独立测算，公众评议则通过网络问卷和听证等方式直面企业与消费者痛点。对政策有效性进行A/B测试后及时迭代升级，确保政策真正落地见效、精准滴灌。

通过分阶段战略规划、立体化政策工具、完备的数据支撑与闭环评估，形成中央统筹、地方落实、市场主体活力充分涌现的良好生态，为低空经济腾飞保驾护航。

（四）推动各方主体开放合作

低空经济的生态体系庞大而复杂，从研发制造到运营服务、再到金融保险与国际贸易，均离不开多主体深度协同。政府应主动搭建"五大平台"——技术交流、成果发布、创新合作、产业集聚、投融资对接。技术交流平台可依托国家级创新中心和测试基地，定期举办"空天信息+低空智能"跨界沙龙；成果发布平台融入国家科技成果转化登记系统，实现专利、论文、标准、软件一站式展示与交易；创新合作平台鼓励龙头企业对外开放API与数据沙盒，促成"算法提供商+整机厂+运营商"迭代创新；产业集聚平台则以空港经济区、无人机小镇、航空小镇为载体，提供人才公寓、共享机库、综合试飞空域等配套；投融资对接平台通过基金路演、科创板培育、国际投行闭门对接，解决初创企业和成长企业融资痛点。

产业界要构建"政产学研用金"共同体。政：制定供需清单、发布联合攻关榜单。产：龙头牵头、链主赋能。学：高校聚焦基础研究和前沿技术。研：院所攻坚共性关键技术并提供验证。用：运营商深度参与产品定义与测试。金：银行、险企、创投、券商提供金融工具。通过共建联合实验室和制造业创新中心，形成"1+3+N"模式：1家牵头单位+3类关键技术节点（空管系统、动力系统、机体结构）+N家产业链配套伙伴。

拓宽"低空经济+"务实合作也是增量空间。例如，与电商物流结合，实现生鲜冷链无人机直送；与新能源结合，共研氢燃料动力与无线充电停机坪；与文化旅游结合，开发历史古城"空中解说"AR互动；与数

第六章
展望未来：低空经济面临的挑战与发展建议

孪生城市管理结合，开展高空AI光纤巡检；与体育赛事结合，推出"空中热气球马拉松无死角直播"。通过多场景穿透、多产业互补，实现"应用倒逼技术、技术赋能产业"正循环。

在对外开放方面，要构建与国际规则接轨的运营环境。鼓励企业参与国际标准的制定，将北斗定位、5G-A遥控链路、中文数字航图等自主技术嵌入国际规则。推动中欧适航互认升级、中韩无人机监管合作、中东eVTOL沙漠试飞走廊建设等双多边协定，为国产飞行器输出打开绿色通道。在自贸区、高新区设立"进口飞行器快速评估通道"，建立保税维修、再制造和分拨中心，吸引国外机型在华试飞并落地运营。

政府还应在合作进程中落实"负面清单+安全审查"原则，对涉及国家安全、核心敏感区遥感数据、高分辨率航拍影像、军民融合技术出口等设定红线；对常规技术和服务开放"绿色通道"。通过打造高水平开放平台、构建跨界协同网络、深化全球双循环，形成"国内外市场联动、上下游企业互通、创新资源共享"的立体合作格局，为低空经济提供源源不断的发展动能与国际竞争力。

参考文献

[1] 沈映春，赵雨涵. 低空经济：中国经济发展新引擎 [M]. 北京：中信出版社，2024.

[2] 罗军. 低空经济 [M]. 北京：电子工业出版社，2024.

[3] 兰旭东，陈向. 低空经济：新质生产力的一种新经济结构 [M]. 北京：电子工业出版社，2025.

[4] 朱克力. 低空经济：新质革命与场景变革 [M]. 北京：新华出版社，2024.

[5] 任和. 未来已来：我国低空经济的机遇与挑战 [M]. 北京：科学出版社，2025.

[6] 严月浩，朱新宇，郝瑞. 低空经济：全要素解码 [M]. 西安：西北工业大学出版社，2025.

[7] 殷鹏，朱晨鸣，唐怀坤，等. 低空经济数字基础设施关键技术与规划方法 [M]. 北京：人民邮电出版社，2025.

[8] 黄正中. 低空经济及其应用场景 [M]. 长沙：湖南人民出版社，2024.

[9] 阮建青，石琦，张晓波. 产业集群动态演化规律与地方政府政策 [J]. 管理世界，2014（12）：79-91.

[10] 季书涵，朱英明，张鑫. 产业集聚对资源错配的改善效果研究 [J]. 中国工业经济，2016（6）：73-90.

[11] 孙晓华，郭旭，王昀. 产业转移、要素集聚与地区经济发展 [J]. 管理世界，2018，34（5）：47-62+179-180.

［12］杨继东，罗路宝. 产业政策、地区竞争与资源空间配置扭曲［J］. 中国工业经济，2018，（12）：5-22.

［13］刘祎凡，王有远，马小凡. 航空制造业产业集群知识共享的演化博弈研究［J］. 系统科学学报，2025，（3）：147-154.

［14］毛艳华，邱雪情，荣健欣. 产业集群效应与企业数字化转型——基于广东省制造业集群的调研［J］. 南方经济，2024（5）：150-166.

［15］任继球，盛朝迅，魏丽，等. 战略性新兴产业集群化发展：进展、问题与推进策略［J］. 天津社会科学，2024（2）：89-98+175.

［16］邵军. 新发展格局下的产业集群转型升级［J］. 人民论坛，2024（2）：28-31.

［17］纪玉山. 未来产业集群谁执牛耳？——基于复杂经济学的理论思考与政策建议［J］. 工业技术经济，2024，43（12）：7-13.

［18］张嘉昕，许倩. 低空经济产业链发展的制约因素与优化对策研究［J］. 经济纵横，2024（8）：63-70.

［19］王宝义，张萌萌. 我国低空经济发展的理论逻辑与实施要点［J］. 中国流通经济，2025，39（5）：59-72.

［20］徐楠楠，赵文君. 产业政策、公司治理与企业成长价值——基于生命周期视角考察［J］. 财会通讯，2024（16）：63-68.

［21］徐楠楠，李麟，陈显东. 打造黑龙江省低空产业集群的对策研究［J］. 商业经济，2025（5）：8-10+76.

［22］Qu S, Liu J, Li N. Strategy and Route for China's Green, Low-Carbon Transformation under the "Double Carbon" Target[J]. Financial Engineering and Risk Management，2023，6（3）.